目標《もくひょ》

□に

〈勉強《べんきょう》の３つの計画〉

●決《き》まった時間《じかん》に勉強《べんきょう》する。

□時《じ》から勉強《べんきょう》を始《はじ》める。

●ドリルは１回目《かいめ》から順《じゅん》に進《すす》める。

一日《いちにち》に何《なん》ページ？□

●本《ほん》をたくさん読《よ》む。

どんな本《ほん》を読《よ》むかな？

〈生活《せいかつ》の３つの計画《けいかく》〉

●早寝《はやね》・早起《はやお》きをする。

□時《じ》に起《お》きる。

□時《じ》に寝《ね》る。

●お手伝《てつだ》いをする。

どんなお手伝《てつだ》いをする？

●あいさつをする。

自分《じぶん》からすすんであいさつしよう！

ほかの計画《けいかく》も、立《た》ててみよう！

夏休《なつやす》みドリルをやろう！

できた回《かい》には「できたシール」をはろう！

国語

1回	2回	3回	4回	5回	6回	7回	8回
9回	10回	11回	12回	13回	14回	15回	16回
17回	18回	19回	20回	21回			
22回	23回	24回	25回	26回			

▶「しあげテスト」をやったら、しあげシールをはろう！

しあげシール

算数

1回	2回	3回	4回	5回	6回	7回	8回
9回	10回	11回	12回	13回	14回	15回	16回
17回	18回	19回					
20回	21回	22回					

▶「しあげテスト」をやったら、しあげシールをはろう！

しあげシール

英語

1回	2回	3回	4回
5回	6回	7回	8回

▶「しあげテスト」をやったら、しあげシールをはろう！

しあげシール

国語

1回

同じ読み方の漢字(1)

（四年生で習った漢字）

学習日　月　日

とく点　点

1 意味のちがいに注意して、同じ読み方（訓）の漢字を［　］から選んで書きましょう。（一つ4点）

(1) さ（す）　指・差

北を指す。

日が□す。

(2) つ（く）　着・付

駅に□く。

どろが□く。

(3) なお（す）　治・直

書き□す。

病気を□す。

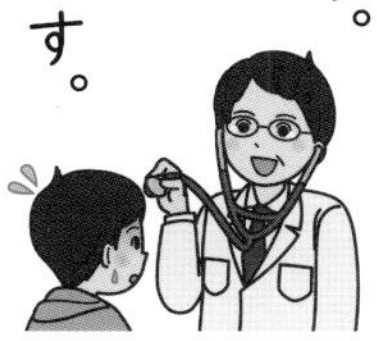

(4) め　目・芽

□が回る。

□が出る。

(5) さ（める）　覚・冷

湯が□める。

目が□める。

(6) な（く）　鳴・泣

鳥が□く。

弟が□く。

2 □に合う漢字を、〔　〕から選んで書きましょう。（一つ6点）

(1) 〔鳴・泣〕…赤ちゃんの□《な》き声。

(2) 〔着・付〕…服に絵の具が□《つ》く。

3 次のように読む漢字を書きましょう。（一つ5点）

(1) なお（す）

答えを□す。

けがを□す。

(2) さ（す）

東の方向を□す。

うす日が□す。

(3) め

□印《じるし》の旗。

草や木の□。

(4) さ（める）

夢《ゆめ》から□める。

お茶が□める。

おもしろことばメモ　きゅうばんで，サメなどにくっついて移動《いどう》する魚をコバンザメというよ。きゅうばんの形が小判《こばん》（江戸時代《えどじだい》のお金）に似《に》ていることから，この名前がついたよ。

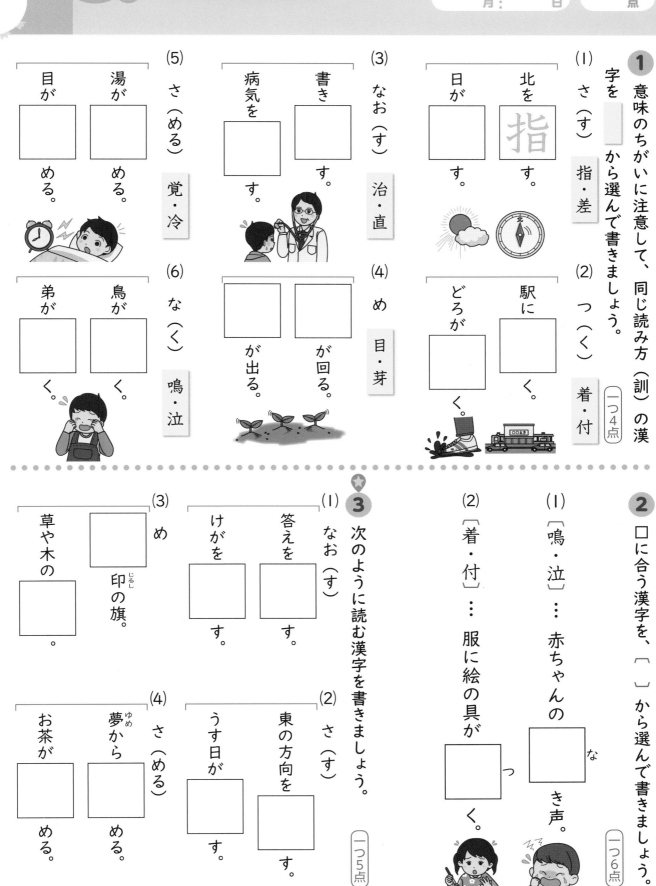

同じ読み方の漢字(2)

（四年生で習った漢字）

学習日　月　日　とく点　点

1 ことばの意味や使い方に注意して、同じ読み方（音）の漢字を、□から選んで書きましょう。（一つ2点）

(1) カン　関・完
□成《せい》　□係《けい》

(2) ネン　然・念
記《き》□　天《てん》□

(3) セツ　説・節
□明《めい》　□約《やく》

(4) コウ　候・好・功
□物《ぶつ》　天《てん》□　成《せい》□

(5) シ　試・司・始
開《かい》□　□合《あい》　□会《かい》

(6) サツ　察・刷・札
観《かん》□　印《いん》□　表《ひょう》□

(7) イガイ　以外・意外
大人□□。　□□な事実。

(8) カンシン　関心・感心
□□な人。　□□をもつ。

2 同じ読み方をする漢字を書きましょう。（一つ5点）

(1) 観《かん》□《さつ》記録を印《いん》□《さつ》して配る。

(2) □《し》合《あい》開《かい》□《し》の笛が鳴る。

(3) 天《てん》□《ねん》記《き》□《ねん》物《ぶつ》の鹿。

(4) 悪《あく》天《てん》□《こう》の中、シュートを成《せい》□《こう》させた。

3 次のように読む漢字を書きましょう。（22点）

(1) イガイ
ここ□□の所。
□□な結末。
（一つ5点）

(2) カンシン
□□がない。
□□な心がけ。
（一つ6点）

わくわく情報《じょうほう》　風船みたいにちぢんだりふくらんだりして，明るさが変わる星（変光星）もあるよ。

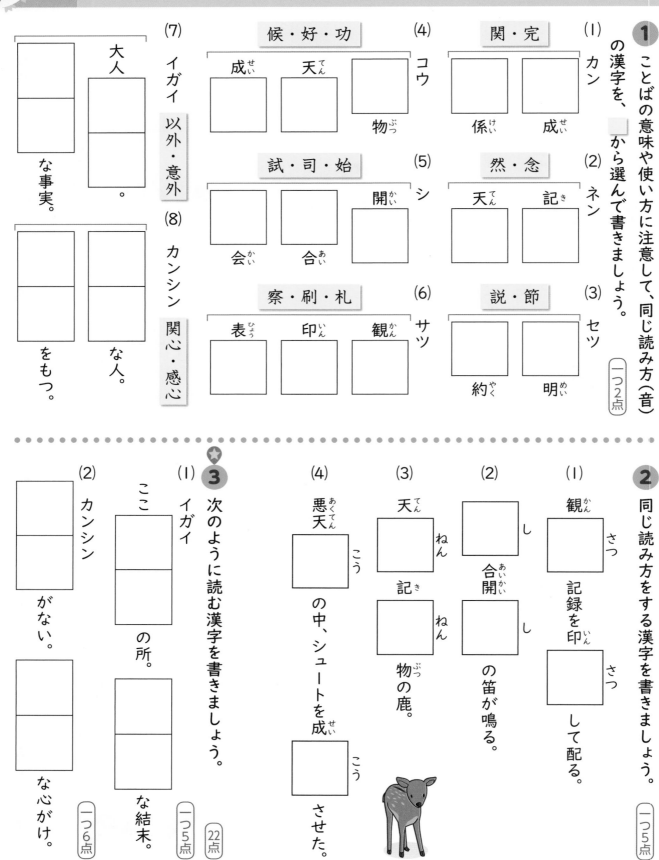

形が似《に》ている漢字(1)

（四年生で習った漢字）

学習日　月　日　　とく点　点

1 似《に》ている形に注意して、□に合う漢字を□から選んで書きましょう。（一つ2点）

(1) 札・礼
お□《さつ》　お□《れい》

(2) 庫・康
健《けん》□《こう》　倉《そう》□《こ》

(3) 季・委
□《き》節《せつ》　□《い》員《いん》

(4) 未・末
週《しゅう》□《まつ》　□《み》来《らい》

(5) 録・緑
記《き》□《ろく》　□《りょく》茶《ちゃ》

(6) 民・氏
市《し》□《みん》　□《し》名《めい》

(7) 特・待・持
期《き》□《たい》　□《じ》続《ぞく》　□《とく》別《べつ》

(8) 失・夫・天
□《うしな》う　□《おっと》と妻《つま》。　□《てん》気《き》予《よ》報《ほう》

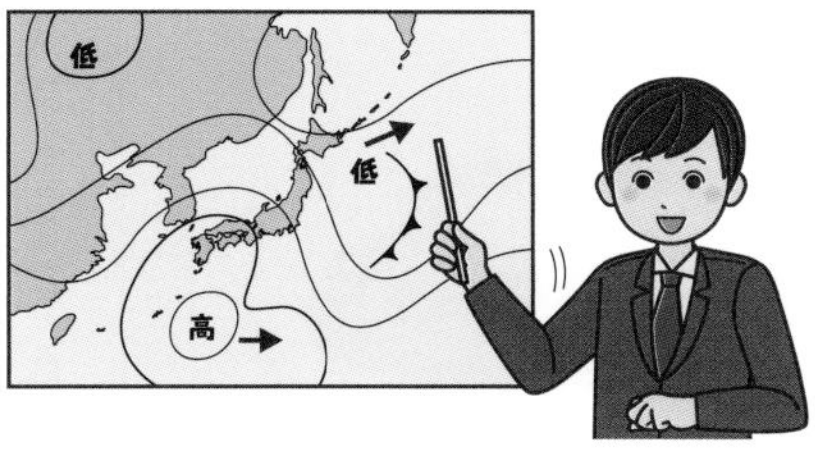

2 形が似《に》ている漢字に注意して、□に漢字を書きましょう。（一つ6点）

(1) □《おっと》のすがたを見《み》□《うしな》う。

(2) □《とく》別《べつ》な期《き》□《たい》をかける。

(3) 市《し》□《みん》が用紙に□《し》名《めい》を記入する。

3 ――線の漢字は、形が似《に》ている別の字とまちがえています。正しい漢字を書きましょう。（一つ7点）

(1) 観察記緑。□

(2) 委節の花。□

(3) 週未の予定。□

(4) お札を言う。□

おもしろことばメモ　外国から取り入れて使っていることばを外来語《がいらいご》というよ。「パン」「ガラス」など，たくさんあるよ。

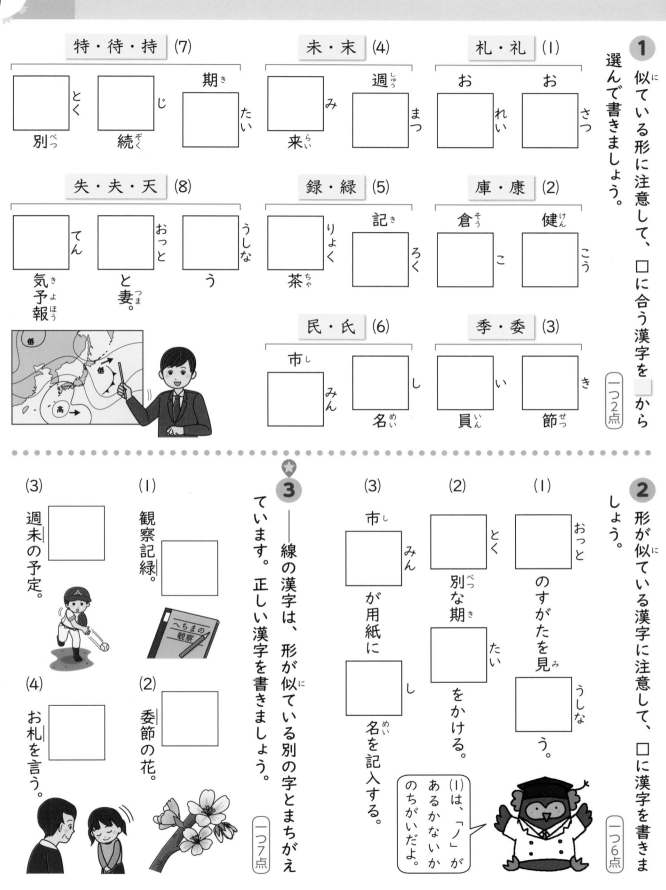

形が似《に》ている漢字(2)

（四年生で習った漢字）

学習日 月 日　とく点 点

1

似《に》ている形に注意して、□に合う漢字を□から選んで書きましょう。（一つ2点）

(1) 料・科

□《りょう》理《り》

社会《しゃかい》□《か》

(2) 園・周

近くの公《こう》□《えん》。

池の□《しゅう》囲《い》。

(3) 続・読

□《つづ》く

□《よ》む

(4) 例・列

□《れい》を示《しめ》す。

□《れつ》を整える。

(5) 連・運・軍

□《ぐん》隊《たい》

□《うん》転《てん》

□《れん》休《きゅう》

(6) 達・通・進

発《はっ》□《たつ》

□《つう》学《がく》

□《しん》行《こう》

(7) 巣・単・果

□《たん》語《ご》

鳥の□《す》。

結《けっ》□《か》

2

□に合う漢字を、〔　〕から選んで書きましょう。（一つ6点）

(1) 〔例・列〕…□《れい》を挙げて説明する。

(2) 〔達・通・運〕…目標を□《たっ》成《せい》する。

(3) 〔巣・単・果〕…ありの□《す》。

3

形が似《に》ている漢字に注意して、□に漢字を書きましょう。（一つ8点）

(1) 社会《しゃかい》□《か》で、きょう土《ど》□《りょう》理《り》を知る。

(2) 物語の□《つづ》きを□《よ》む。

(3) □《れん》休中《きゅうちゅう》に乗った電車の□《うん》転士《てんし》。

わくわく情報《じょうほう》

春の七草は，セリ，ナズナ，ゴギョウ（ハハコグサ），ハコベラ（ハコベ），ホトケノザ（タビラコ），スズナ（カブ），スズシロ（ダイコン）だよ。

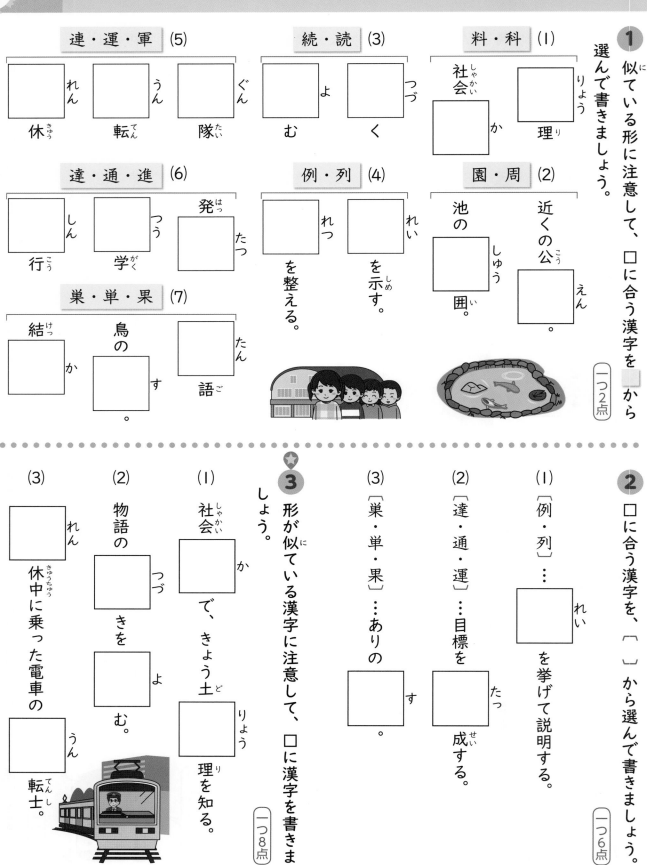

形が似《に》ている漢字(3)

（四年生で習った漢字）

学習日　月　日　とく点　点

1 似《に》ている形に注意して、□に合う漢字を［　］から選んで書きましょう。（一つ2点）

(1) アン　安・案
□内《ない》　□全《ぜん》

(2) コ　古・固
□定《てい》　中《ちゅう》□車《しゃ》

(3) ドウ　動・働
労《ろう》□力《りょく》　行《こう》□

(4) テイ　低・底
最《さい》□　海《かい》□

(5) カン　官・管
水道《すいどう》□　外交《がいこう》□

(6) カ　果・課
放《ほう》□後《ご》　結《けっ》□

(7) レイ　令・冷
命《めい》□　□静《せい》

(8) フク　福・副
□会長《かいちょう》　祝《しゅく》□

読み方も同じで、形も似《に》ているので要注意だね。

2 似《に》ている形に注意して、次のように読む漢字を書きましょう。（一つ4点）

(1) コ
□定《てい》する　中《ちゅう》□車《しゃ》

(2) テイ
最《さい》□気温　海《かい》□

(3) カン
血《けっ》□　外交《がいこう》□

(4) フク
□社長《しゃちょう》　祝《しゅく》□する

3 形が似《に》ている漢字に注意して、□に漢字を書きましょう。（一つ6点）

(1) □《れい》静《せい》に命《めい》□《れい》する。

(2) □《あん》全《ぜん》な場所に□《あん》内《ない》される。

(3) 放《ほう》□《か》後《ご》には、結《けっ》□《か》が発表される。

おもしろことばメモ　ジャガイモは，インドネシアの港ジャガタラ（今のジャカルタ）から日本に入ってきたものなんだ。はじめは「ジャガタライモ」とよばれていたんだよ。

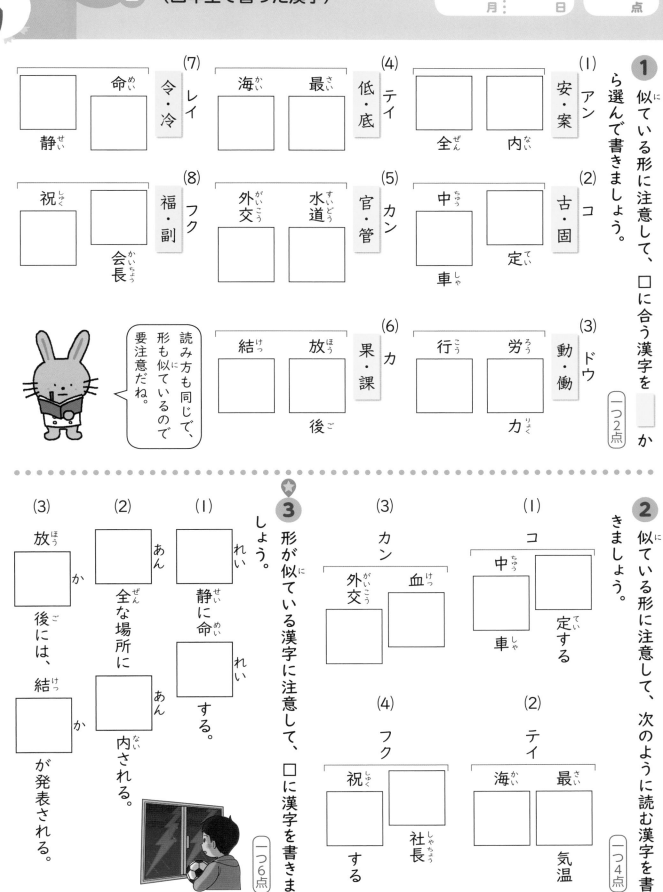

五年生の漢字(1)

学習日 月 日 とく点 点

1 ——の漢字に注意して文章を読み、読みがなを書きましょう。（全部で20点）

建物の構造（こうぞう）が検査（けんさ）され、その安全性（あんぜんせい）が確（たし）かめられた。また、コンクリートも、よい状態《たい》（じょう）であることがわかった。

2 ——の漢字の読みがなを書きましょう。（一つ6点）

(1) 構造（　　） (2) 検査（　　）

(3) 安全性（　　） (4) 確かめる（　　）

(5) 状態《たい》（　　）

3 書き順に注意して書きましょう。（全部で20点）

構　読み方　コウ・かま(える)・かま(う)

検　読み方　ケン

性　読み方　セイ・〈ショウ〉

状　読み方　ジョウ

造　読み方　ゾウ・つく(る)

査　読み方　サ

確　読み方　カク・たし(か)・たし(かめる)

4 □に漢字を書きましょう。（一つ6点）

(1) 橋の□□《こうぞう》を調べる。

(2) □《じょう》態《たい》を□□《けんさ》する。

(3) □□□《あんぜんせい》を□《たし》かめる。

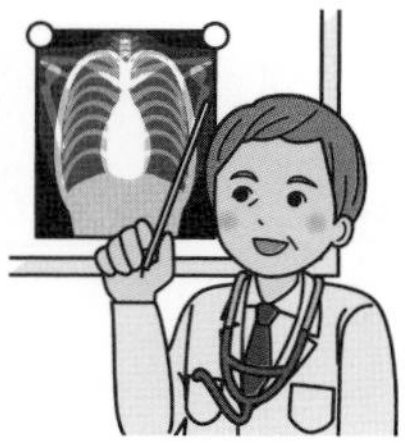

わくわく情報《じょうほう》　秋の七草は，ハギ，オバナ（ススキ），クズ，ナデシコ，オミナエシ，フジバカマ，キキョウだよ。

国語　7回

熟語《じゅくご》の組み立て(1)

※教科書によって1学期に学習していないところもあります。

学習日　月　日　　とく点　点

1 次の熟語《じゅくご》の組み立てを読んでから、あとの問題に答えましょう。（一つ8点）

熟語《じゅくご》の組み立て①

漢字二字の熟語《じゅくご》には、次のような組み合わせでできたものがあります。

・反対（対《つい》）の意味の漢字の組み合わせ。

例　高低（高い↕低い）
　　売買（売る↕買う）

・似《に》た意味の漢字の組み合わせ。

例　学習（学ぶ＋習う）
　　救助《きゅうじょ》（救《すく》う＋助ける）

◆ 次の組み合わせに合う熟語《じゅくご》を、あとの□から選んで書きましょう。

① 反対（対《つい》）の意味の漢字の組み合わせ。

（　　）（　　）（　　）

② 似《に》た意味の漢字の組み合わせ。

（　　）（　　）（　　）

絵画・強弱・明暗・回転・勝負

2 次の熟語《じゅくご》の組み立てを読んでから、あとの問題に答えましょう。（一つ10点）

熟語《じゅくご》の組み立て②

・上の漢字が下の漢字を修飾《しゅうしょく》する組み合わせ。

例　白線（白い線）
　　前列（前の列）

・「〜に」「〜を」にあたる漢字が下にくる組み合わせ。

例　乗車（車に乗る）
　　作文（文を作る）

◆ 次の組み合わせに合う熟語《じゅくご》を、あとの□から選んで書きましょう。

① 上の漢字が下の漢字を修飾《しゅうしょく》する組み合わせ。

（　　）（　　）（　　）

② 「〜に」「〜を」にあたる漢字が下にくる組み合わせ。

（　　）（　　）（　　）

鉄橋・登山・少量・熱湯・消火・着陸

わくわく情報《じょうほう》　高い山などに登って耳がジーンとなるのは，気圧《きあつ》が低くて，こまくが引っぱられるからだ。

熟語《じゅくご》の組み立て(2)

※教科書によって1学期に学習していないところもあります。

学習日 月 日　とく点 点

1 次の熟語《じゅくご》の組み立てを読んでから、あとの問題に答えましょう。（52点）

熟語《じゅくご》の組み立て③

漢字二字の熟語《じゅくご》には、7ページの①・②以外に次のような組み合わせでできたものがあります。

・「不」「未」「無」「非《ひ》」など、打ち消す意味の漢字が上にくる組み合わせ。

例 不足（足りない）　未開（まだ開《ひら》けていない）

(1) □にあてはまる打ち消す意味の漢字に、○をつけましょう。（一つ6点）

① □害　（　）不　（　）未　（　）無　（　）非《ひ》

② □幸　（　）不　（　）未　（　）無　（　）非《ひ》

(2) 「不・未・無・非《ひ》」から、□に合う漢字を書いて熟語《じゅくご》を作りましょう。（一つ10点）

① □番　② □事

③ □便　④ □然

2 次の三字の熟語《じゅくご》の組み立てを読んでから、あとの問題に答えましょう。（一つ8点）

三字の熟語《じゅくご》の組み立て

・一字ずつの語の集まり。

例 上中下（上＋中＋下）

・一字＋二字の組み合わせ。

例 新製品《せいひん》（新＋製品《せいひん》）　不自由（不＋自由）

・二字＋一字の組み合わせ。

例 運動会（運動＋会）　効果《こうか》的（効果《こうか》＋的）

◆ 次の組み合わせに合う熟語《じゅくご》を、あとの□から選んで書きましょう。

① 一字ずつの語の集まり。　（　　）（　　）

② 一字＋二字の組み合わせ。　（　　）（　　）

③ 二字＋一字の組み合わせ。　（　　）（　　）

大成功・積極的・市町村
合理化・無関係・衣食住

熟語《じゅくご》の組み立て(3)

※教科書によって1学期に学習していないところもあります。

学習日　月　日　　とく点　点

1 次の組み合わせに合う熟語《じゅくご》を、あとの［　］から選んで書きましょう。（一つ4点）

① 反対（対《つい》）の意味の漢字の組み合わせ。
（　　）（　　）（　　）

② 似《に》た意味の漢字の組み合わせ。
（　　）（　　）（　　）

③ 上の漢字が下の漢字を修飾《しゅうしょく》する組み合わせ。
（　　）（　　）（　　）

④ 「～に」「～を」にあたる漢字が下にくる組み合わせ。
（　　）（　　）（　　）

⑤ 「不」「未」「無」「非《ひ》」など、打ち消す意味の漢字が上にくる組み合わせ。
（　　）（　　）（　　）

［未定・長短・海底・作曲・生死
戦争・無人・挙式・変化・大木
生産・苦楽・白線・不安・乗車］

2 次の熟語《じゅくご》と同じ組み合わせの熟語《じゅくご》に、○をつけましょう。（一つ5点）

① 読書
（　）古書
（　）大小
（　）開会

② 強弱
（　）思考
（　）前後
（　）防水《ぼうすい》

3 次の組み合わせに合う熟語《じゅくご》を、あとの［　］から選んで書きましょう。（一つ5点）

① 一字ずつの語の集まり。
（　　）（　　）

② 一字＋二字の組み合わせ。
（　　）（　　）

③ 二字＋一字の組み合わせ。
（　　）（　　）

［大勝利・海岸線・市町村
松竹梅・満足感・短時間］

おもしろことばメモ
えくぼは，笑ったとき，ほおにできるくぼみのことなんだ。「笑《え》みくぼ」が略《りゃく》されてできたことばだという説もあるよ。

国語

10回 五年生の漢字⑵

学習日　月　日　とく点　点

1 ――の漢字に注意して文章を読み、読みがなを書きましょう。（全部で20点）

貿易（ぼうえき）をテーマとした自由研究を提出（ていしゅつ）したい。まずは、条（じょう）件《けん》に合う情報（じょうほう）を集めて、資料（しりょう）作りをするつもりだ。

2 ――の漢字の読みがなを書きましょう。（一つ6点）

⑴ 貿易（　　）
⑵ 資料（　　）
⑶ 情報（　　）
⑷ 条件《けん》（　　）
⑸ 提出（　　）

3 書き順に注意して書きましょう。（全部で20点）

貿　読み方　ボウ

易　読み方　エキ・イ・やさ(しい)

提　読み方　テイ・〈さ(げる)〉

条　読み方　ジョウ

情　読み方　ジョウ・〈セイ〉・なさ(け)

報　読み方　ホウ・〈むく(いる)〉

資　読み方　シ

4 □に漢字を書きましょう。（一つ6点）

⑴ 成功するための□《じょう》件《けん》。

⑵ □□《しりょう》を□□《ていしゅつ》する。

⑶ □□《ぼうえき》に関する□□《じょうほう》。

おもしろことばメモ　「スニーカー」とは，英語で「こっそり歩く人」という意味だよ。歩く音があまりしないからだね。

漢字の成り立ち(1)

※教科書によって１学期に学習していないところもあります。

学習日　　月　　日　　とく点　　点

1

次の漢字の成り立ちについての説明を読んでから、あとの問題に答えましょう。（一つ8点）

漢字の成り立ち①

物の形や様子をえがいた絵文字からできた漢字。これを象形《しょうけい》文字という。

例

山（やまの形からできた。）

◆ 次のようにできた漢字を、□から選んで書きましょう。

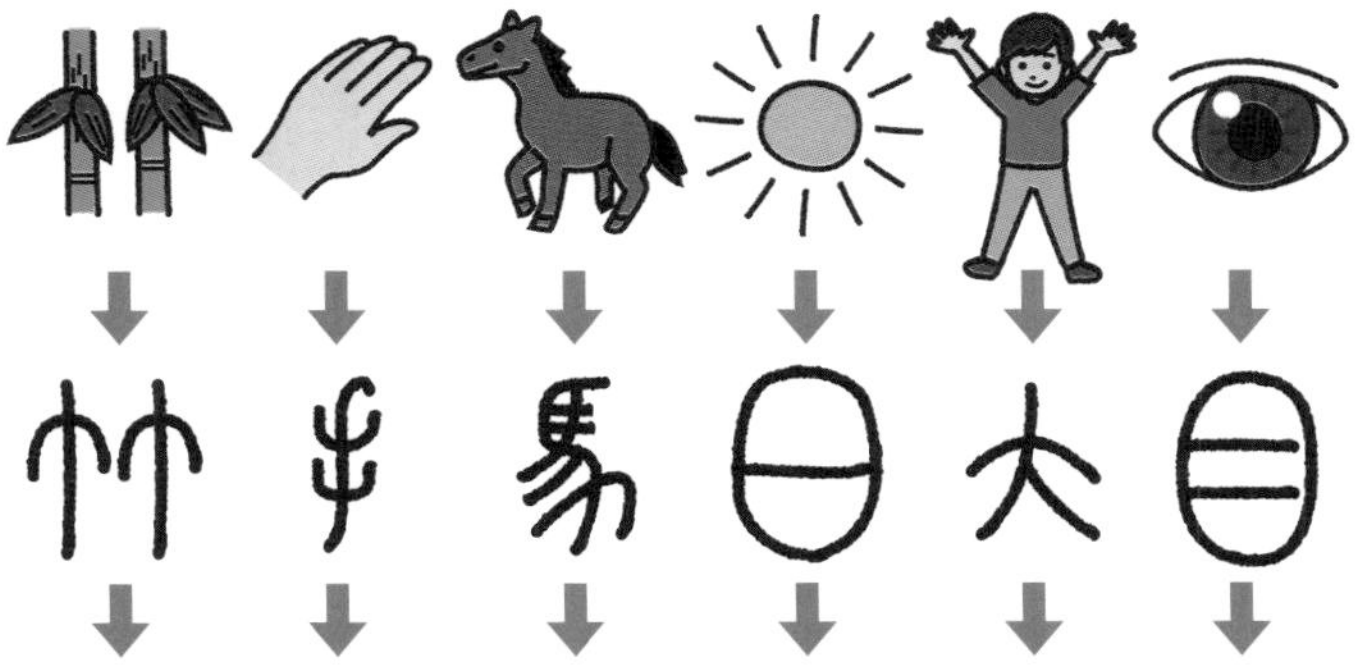

①（　　）

②（　　）

③（　　）

④（　　）

⑤（　　）

⑥（　　）

馬　竹　手　大　目　日

2

次の漢字の成り立ちについての説明を読んでから、あとの問題に答えましょう。（52点）

漢字の成り立ち②

絵にしにくい事がらを、印などで表した漢字。これを指事《しじ》文字という。

例

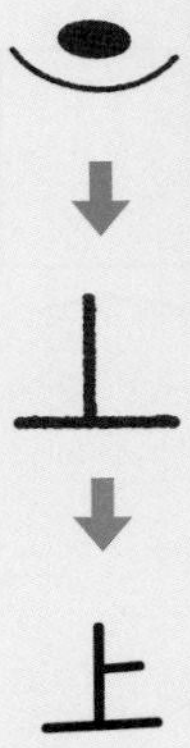

上（ものの上に印を付けて、上側を表した。）

(1) 次のようにできた漢字を、□から選んで書きましょう。（一つ8点）

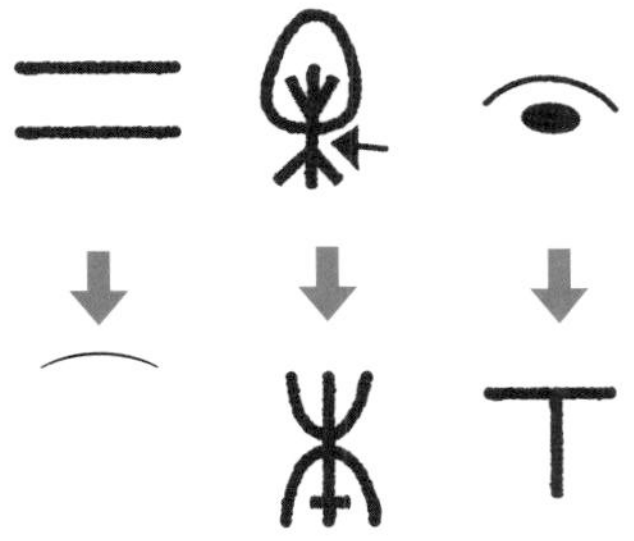

①（　　）

②（　　）

③（　　）

本　上　下　二

(2) 次の説明に合う漢字を、□から選んで書きましょう。（一つ14点）

① 三本の線をかいて、数を表した漢字。（　　）

② わくのまん中に旗ざおをつき通した形をえがき、まん中を表した漢字。（　　）

三　中　下

わくわく情《じょう》報《ほう》

太陽系《たいようけい》のわく星には，岩と金属《きんぞく》でできている「地《ち》球型《きゅうがた》」と，ガスでできている「木星型《もくせいがた》」があるよ。

漢字の成り立ち(2)

※教科書によって1学期に学習していないところもあります。

学習日　月　日　とく点　点

1 次の漢字の成り立ちについての説明を読んでから、あとの問題に答えましょう。（一問全部できて8点）

漢字の成り立ち③

漢字の意味を組み合わせてできた漢字。これを会意《かいい》文字という。

例 鳴……「口＋鳥」で、鳥が鳴く様子を表している。

◆次の漢字について、もとになっている漢字を書きましょう。

① 林……木＋木

② 休……□＋□

③ 岩……□＋□

④ 森……□＋□＋□

⑤ 品……□＋□＋□

「休」は、「人（亻）」が「木」の下で休む様子を表しているよ。「岩」は「山」にある大きな「石」を表しているよ。

2 次の漢字の成り立ちについての説明を読んでから、あとの問題に答えましょう。（一つ6点）

漢字の成り立ち④

音を表す部分と意味を表す部分とを合わせてできた漢字。これを形声《けいせい》文字という。

例 板……木（木）が意味を、反（ハン）が音を表している。

◆次の漢字の音を表す部分を□に書き、その音の読み方を（　）に書きましょう。

① 週……周（シュウ）

② 固……□（　）

③ 帳……□（　）

④ 課……□（　）

⑤ 飯……□（　）

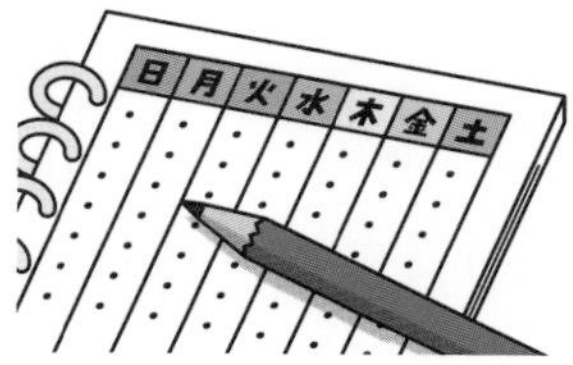

漢字を二つの部分に分けてみよう。分けた部分は、どんな形になっているかな。

おもしろことばメモ　「五十歩百歩（似《に》たりよったりで，たいしてちがいがないこと）」など，数字を使った言い回しはたくさんあるよ。

国語 13回

漢字の成り立ち(3)

※教科書によって1学期に学習していないところもあります。

学習日	とく点
月　日	点

1 次の成り立ちに合う漢字を、□から選んで書きましょう。（一つ5点）

(1) 物の形や様子をえがいた絵文字からできた。…［大］・［　］

(2) 絵にしにくい事がらを、印などで表した。…［　］・［　］

(3) 漢字の意味を組み合わせてできた。…［　］・［　］

(4) 音を表す部分と意味を表す部分とを合わせてできた。…［　］・［　］

下・板・大・本・森・課・目・鳴

2 次のようにできた漢字を書きましょう。（一つ5点）

(1) 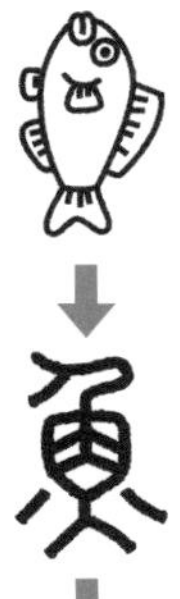 → ［　］

(2) 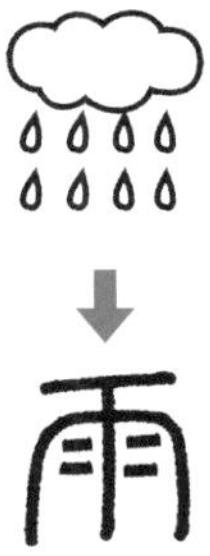 → ［　］

3 次の漢字が組み合わさってできた漢字を、□に書きましょう。（一つ5点）

(1) 木＋木→［林］

(2) 山＋石→［　］

(3) 日＋月→［　］

(4) 人＋言→［　］

(5) 人＋動→［　］

(6) 火＋田→［　］

4 次の□内の、「音を表す部分」と「意味を表す部分」が組み合わさってできる漢字を五つ書きましょう。（一つ4点）

例 求＋攵→救

※漢字の部分は一回ずつしか使えません。

音を表す部分	意味を表す部分
~~求~~ 化 官 建 付 安	广 艹 ~~攵~~ 木 飠 亻

［　］［　］［　］［　］［　］

風は気圧《きあつ》の高いところから低いところへふく。台風は，中心付近の気圧《きあつ》の低いところに向かって風がふくよ。

五年生の漢字(3)

学習日　月　日　とく点　点

1 ――の漢字に注意して文章を読み、読みがなを書きましょう。（全部で20点）

弁当《べんとう》を持って海へ行った。想像《そうぞう》以上の人出で、まるで、快晴《かいせい》の日曜日を再現《さいげん》したような混雑《こんざつ》ぶりだった。

2 ――の漢字の読みがなを書きましょう。（一つ6点）

(1)（　　）弁当

(2)（　　）想像

(3)（　　）快晴

(4)（　　）再現

(5)（　　）混雑

3 書き順に注意して書きましょう。（全部で20点）

弁　読み方　ベン

快　読み方　カイ・こころよ(い)

現　読み方　ゲン・あらわ(れる)・あらわ(す)

雑　読み方　ザツ・ゾウ

像　読み方　ゾウ

再　読み方　サイ・サ・ふたた(び)

混　読み方　コン・ま(じる)・ま(ざる)・ま(ぜる)・こ(む)

☆ 4 □に漢字を書きましょう。（一つ6点）

(1) 兄の□□《べんとう》。

(2) □□《さいげん》する。

(3) □□《かいせい》にめぐまれる。

(4) □□《こんざつ》の様子を□□《そうぞう》する。

おもしろことばメモ　アシタバという植物は，じょうぶで発育が速く，今日切り取ってもあしたには新芽が出るという意味で，こうよばれている。

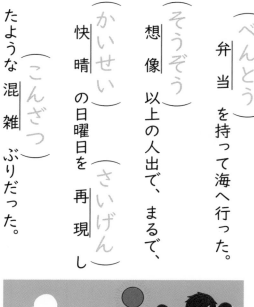

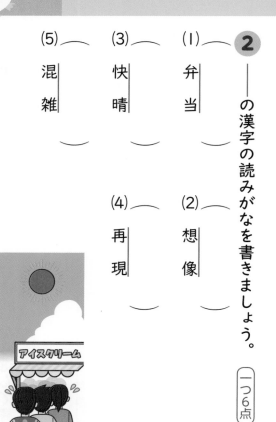

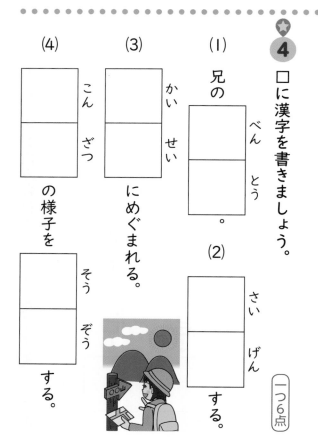

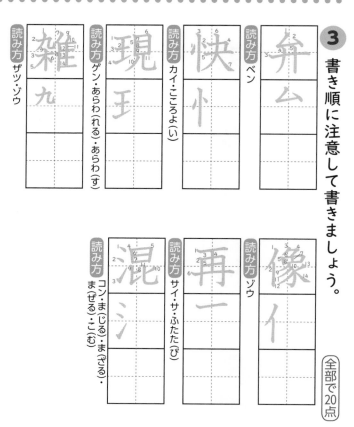

国語

15回

物語の読みとり(1)

学習日	とく点
月　日	点

1 次の文章を読んで、問題に答えましょう。（10点）

> 朝、友達《ともだち》のあかりがむかえに来た。わたしたちは、三日間の予定でキャンプに行くことになっている。

◆ あかりがむかえに来たのは、いつですか。

［　　］です。

2 次の文を読んで、問題に答えましょう。（一つ15点）

> 放課後、委員会の活動が終わって、ぼくが教室にもどると、いつきが一人残っていた。

(1) 「ぼく」が教室にもどったのは、いつのことですか。

［　　　］のこと。

(2) 教室に一人残っていたのは、だれですか。

［　　　］です。

3 次の文章を読んで、問題に答えましょう。（15点）

> ぼくが家に帰ると、家の中は静かだった。部屋の明かりをつけると、テーブルの上に祖母《そぼ》からのメモが置いてあった。

◆ 「ぼく」が家に帰ると、家の中はどんな様子でしたか。

［　　］だった。

4 次の文章を読んで、問題に答えましょう。（一つ15点）

> さくらの家の前には、大きなワゴン車がとまっていた。わたしとあかりを見つけたさくらが、手をふっている。
> わたしとあかりは、顔を見合わせるとかけだした。

(1) 「わたし」とあかりを見つけたさくらは、どんな様子でしたか。

手を［　　　］いる。

(2) 「わたし」とあかりは、どうしましたか。

［　］を見合わせると［　　　　　］。

わくわく情《じょう》報《ほう》 空が青いのは，太陽の光の中の青い光が空気のつぶにぶつかって飛び散るからだ。

物語の読みとり(2)

学習日　月　日　とく点　点

1 次の文章を読んで、問題に答えましょう。（一つ10点）

いつきは、ボールをかた手に、まどの外のグラウンドを見ていた。いつきのせなかが少しふるえていた。包帯がまかれたいつきの右足がいたいたしくて、ぼくは声をかけられなかった。

(1) いつきは、何を見ていましたか。

〔 □□の外の□□□□□。 〕

(2) グラウンドを見ていたいつきは、どんな様子でしたか。

〔 いつきの□□□が少し□□□□□。 〕

(3) 「ぼく」が、いつきに声をかけられなかったのは、どうしてですか。

〔 □□□□□□□□がいたいたしかったから。 〕

2 次の文章を読んで、問題に答えましょう。（一つ10点）

弟が、げん関からバタバタとやってきた。

「ああ、おなかすいた。なんか食べる物ある？」

リビングに入ってくるなり、冷ぞう庫の中をのぞいた。

「お母さん、今日はおそいらしいぞ。」

ぼくが言うと、弟は不思議そうにふり向いた。

(1) 弟は、どんな様子でしたか。

〔 げん関から□□□□とやってきて、リビングに□□□くるなり、□□□□の中をのぞいた。 〕

(2) 「ぼく」は、なんと言いましたか。

〔 お母さん、今日は□□□らしいぞ。 〕

(3) 「ぼく」のことばに、弟は、どんな様子でふり向きましたか。

〔 □□□□□□□□ふり向いた。 〕

おもしろことばメモ　早口ことば。早口で，3回続けて言えるかな。「東京《とうきょう》特《とっ》許《きょ》許《きょ》可《か》局《きょく》」

物語の読みとり(3)

学習日　月　日　とく点　点

1 次の文章を読んで、問題に答えましょう。（60点）

学校からの帰り道のことだ。牧場のわきを通りかかったとき、春花《はるか》は、そこに見なれない子馬がいることに気がついた。

つやつやした毛なみの、茶色の子馬だ。立ち止まってじっと見ると、子馬は、ぱちりとまばたきした。春花《はるか》は、目が合った。その美しい目に、すいこまれそうな気がした。

（令和２年度版　光村図書　国語五　銀河　18ページより『なまえつけてよ』蜂飼耳《はちかいみみ》）

(1) この場面は、いつの出来事ですか。（20点）

春花《はるか》の、学校からの＿＿＿＿のこと。

(2) 「見なれない子馬」はどのような子馬でしたか。（一つ10点）

＿＿＿＿毛なみの＿＿の子馬。

(3) 子馬と「目が合った」とき、春花《はるか》はどのような気がしましたか。（20点）

子馬の美しい目に＿＿＿＿気がした。

2 次の文章を読んで、問題に答えましょう。（一つ10点）

電車は軽《かろ》やかなリズムでゆれている。あと十分でとうちゃくだ。もうすぐ友達に会えると思うと、亮太《りょうた》はわくわくした。

四年生が終わった春休みに、亮太《りょうた》は父さんの転《てん》勤《きん》で引っこした。電車で二時間はなれた町だった。

引っこすことになったと初めて聞いた夜を、今でも覚えている。知らない所に住み、知らない学校に行くなんて、考えただけでどきどきした。

（令和２年度版　教育出版　ひろがる言葉　小学国語五上　14ページより『いつか、大切なところ』魚住直子《うおずみなおこ》）

(1) 亮太《りょうた》が「わくわくした」のはなぜですか。

もうすぐ＿＿＿＿＿＿と思ったから。

☆(2) 引っこすことになったと初めて聞いた夜、亮太《りょうた》はどのような気持ちになりましたか。

＿＿＿＿に住み、＿＿＿＿に行くと考えただけで＿＿＿＿した。

わくわく情報《じょうほう》　だ液《えき》（つば）には，食べ物の消化を助けたり，口の中に適度《てきど》なしめり気をあたえたり，口の中の細きんを殺《ころ》したりする役わりがある。１日に１～1.5 リットルも出るよ。

国語

18回 五年生の漢字(4)

学習日　月　日　とく点　点

1 ――の漢字に注意して文章を読み、読みがなを書きましょう。（全部で20点）

夢（ゆめ）のような楽しい夏休みが、半分経過（けいか）した。限（かぎ）られた時間の中で、能率的（のうりつてき）に宿題を終わらせ、二学期の準備（じゅんび）をしたい。

2 ――の漢字の読みがなを書きましょう。（一つ6点）

(1) 夢（　　）を見る。

(2) 経過（　　）

(3) 限（　　）る

(4) 能率（　　）

(5) 準備（　　）

3 書き順に注意して書きましょう。（全部で20点）

夢　読み方　ム・ゆめ

過　読み方　カ・す(ぎる)・す(ごす)・〈あやま(つ)〉・〈あやま(ち)〉

能　読み方　ノウ

準　読み方　ジュン

経　読み方　ケイ・〈キョウ〉・へ(る)

限　読み方　ゲン・かぎ(る)

率　読み方　〈ソツ〉・リツ・ひき(いる)

備　読み方　ビ・そな(える)・そな(わる)

4 □に漢字を書きましょう。（一つ6点）

(1) しょう来の□《ゆめ》。

(2) 人数を□《かぎ》る。

(3) 時間が□□《けいか》する。

(4) □□《のうりつ》よく□□《じゅんび》をする。

おもしろことばメモ　「首をつっこむ（興《きょう》味《み》をもって積極的にかかわる）」など，体の一部を使った言い方はたくさんあるよ。

国語

19回

説明文の読みとり(1)

学習日　月　日　とく点　点

1 次の文章を読んで、問題に答えましょう。（15点）

コアラは、ほとんど木の上でくらしています。□、あしのつめが、するどくなっています。

◆ □□□に合うことばを、□から選んで書き入れましょう。

しかし・それで

2 次の文章を読んで、問題に答えましょう。（一つ15点）

こうもりは、鳥のように空を飛ぶことができます。□、夜でも、飛んでいる虫をかん単に見つけることができます。

(1) □□□に合うことばを、□から選んで書き入れましょう。

さらに・しかし

(2) こうもりは、夜でも、どんな虫をかん単に見つけることができますか。

［□□□□□虫。］

3 次の文章を読んで、問題に答えましょう。（15点）

かものはしは、人間と同じほにゅう類です。□、たまごを産んで、たまごからかえった子どもを育てます。

◆ □□に合うことばを、□から選んで書き入れましょう。

では・でも・さて

4 次の文章を読んで、問題に答えましょう。（一つ20点）

せみのよう虫は、数年から十五年ぐらいの間、土の中で生活します。□、やっと成虫になっても、約一か月で死んでしまいます。

(1) □□□に合うことばを、□から選んで書き入れましょう。

しかし・すると・または

(2) せみの成虫は、どのくらいで死んでしまいますか。

［約□□□。］

わくわく情報《じょうほう》　水虫は虫じゃない。白《はく》せん菌《きん》というカビの一種がおこす皮ふ病のことだよ。

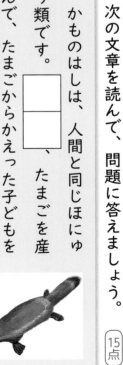

国語

20回

説明文の読みとり(2)

学習日　月　日　とく点　点

1 次の文章を読んで、問題に答えましょう。（25点）

〔和紙は、木の皮をお湯でにてからたたき、せんいをほぐし、一まいずつすいて作る。〕

和紙は一度にたくさん作ることができません。□□□□、でき上がった和紙は、長いせんいがからみ合っているので、じょうぶです。

（令和2年度版　学校図書　みんなと学ぶ　小学校国語五上　154ページより『和紙の心』町田誠之《まちだせいし》〔　〕部要約）

◆ □□□□に合うことばを、□から選んで書き入れましょう。

けれども・なぜなら・たとえば

2 次の文章を読んで、問題に答えましょう。（25点）

洋紙作りでは、□□、木の幹《みき》の部分を細かくくだいて「チップ」を作ります。次に、チップをかまに運び、薬品を入れて高温で熱します。こうして「パルプ」ができあがります。

（令和2年度版　学校図書　みんなと学ぶ　小学校国語五上　153ページより『和紙の心』町田誠之《まちだせいし》）

◆ □□に合うことばを、□から選んで書き入れましょう。

また・もし・まず

3 次の文章を読んで、問題に答えましょう。（一つ25点）

〔東京スカイツリーは、テレビ放送などの電波を関東一円に飛ばす電波とうだ。〕

それまで首都けんでは、東京タワーからテレビ放送の電波が飛ばされていました。□□□、高そうビルがたくさん建つようになり、電波がとどきにくい場所がふえてきました。そこで、電波を広い地域《ちいき》にとどけるために、東京タワーよりさらに高い六〇〇メートル以上の電波とうをつくる必要があったのです。

（令和2年度版　学校図書　みんなと学ぶ　小学校国語五上　46～47ページより『東京スカイツリーのひみつ』瀧井宏臣《たきいひろおみ》〔　〕部要約）

(1) □□□に合うことばを、□から選んで書き入れましょう。

つまり・しかし・しかも

(2) なぜ東京タワーより高い電波とうをつくる必要があったのですか。

〔電波が□□□□□場所がふえたから。〕

おもしろことばメモ

ことわざには，「ねこに小判《こばん》（価値《かち》のある物をあたえてもその価値《かち》がわからず，役に立たないこと）」など，動物を使ったものがたくさんあるよ。

説明文の読みとり(3)

学習日　月　日　　とく点　点

1 次の文章を読んで、問題に答えましょう。（一つ10点）

和菓子《わがし》の包みやお祝いのふくろに見られるように、和紙で物を包んだり、決まった形に折ったりすることは、真心を包み、形にして相手にわたすということでもありました。

□□□、和紙でものを「包む」ことには、和紙のじょうぶさを生かした実用的な意味ばかりでなく、和紙によってわたす人の心をも「包む」という意味がこめられているのです。

（令和2年度版　学校図書　みんなと学ぶ　小学校国語五上　156ページより『和紙の心』町田誠之《まちだせいし》）

(1) □ に合うことばを、□ から選んで書き入れましょう。

つまり・または・しかし

(2) 和紙でものを「包む」ということには、実用的な意味のほかに、どのような意味がこめられていますか。

［ □□□□□□ も「包む」という意味がこめられている。］

2 次の文章を読んで、問題に答えましょう。（一つ20点）

科学技術《ぎじゅつ》の進歩や国際的《こくさいてき》な協力の実現《じつげん》によって、天気予報《よほう》の精度《せいど》は向上してきました。それによって、わたしたちの生活はいっそう便利になっています。□□□、的中率《てきちゅうりつ》が高くなっても、「今、ここ」で天気の変化を予想し、次の行動を判断《はんだん》するのは、それぞれの場所にいる一人一人なのです。

（令和2年度版　光村図書　国語五　銀河　273ページより『天気を予想する』武田康男《たけだやすお》）

(1) □ に合うことばを、□ から選んで書き入れましょう。

または・しかし・つまり

(2) 天気予報《よほう》の精度《せいど》を向上させたのは何ですか。

［ □ の進歩や □ の実現《じつげん》。］

(3) 天気予報《よほう》の精度《せいど》の向上によって、生活はどうなりましたか。

［ わたしたちの生活は □ になった。］

わくわく情報《じょうほう》　犬は口を開けて息をハアハアすることで体温を下げるよ。

作文(1)

学習日 月 日　とく点 点

1 絵を見て、□に合うことばを、□から選んで書きましょう。（一つ10点）

(1) わたしは、【いつ】朝 から公園のそうじを手伝いました。

朝・夕方・夜

(2) ぼくたちは、【どこに】□に行って、泳ぐ練習をしました。

海・川・プール

(3) 【だれが】□が、思いきりボールを投げました。

なおき・はると・あきら

(4) はるとは、みごとにボールを【どうした】□。

投げました・打ちました・取りました

2 次の□に合うことばを、□から選んで書きましょう。（一つ10点）

(1) わたしは、【いつ】□起きました。着がえて【どこに】□に行き、ラジオ体操《たいそう》をしました。

朝早く・夕方・公園・飛行場

(2) 【だれは】□は、アイスを買いました。そして、ペロッとひと口で【どうした】□。

かなた・そうた・のせました・食べました

(3) 家に帰ると、【どこで】□で父が料理を作っていた。ぼくは、声もかけずに自分の部屋に【どうした】□。

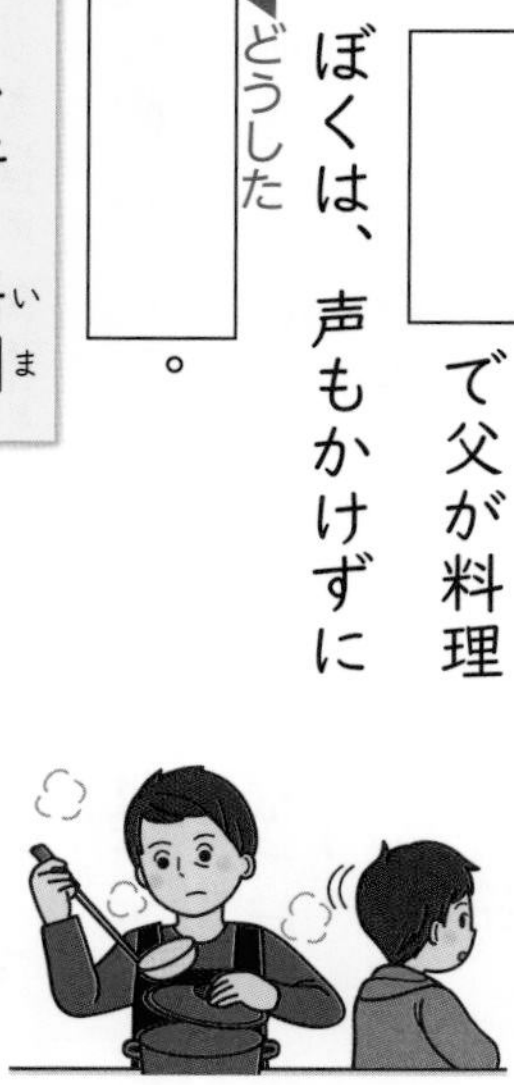

待った・入った・台所・居間《いま》

おもしろことばメモ　「過半数《かはんすう》」というのは，全体の半分より多い数のことだよ。「過半数《かはんすう》が反対した」という場合，10人の人がいたとすると6人以上が反対したことになる。

作文(2)

学習日　月　日　とく点　点

1 絵を見て、□に合うことばを、[　] から選んで書きましょう。（一つ10点）

(1)

(2)

(1) ハムスターが、えさを □（▼どのように） 食べた。

グーグー・カリカリ・ガラガラ

(2) 水道のじゃ口をひねって、水を □（▼どのように） 流す。

ガラガラ・ザーザー・ブーブー

2 次の□に合うことばを、[　] から選んで書きましょう。（一つ10点）

◆ 太陽が □（▼どのように） と照りつけていた。

グラウンドに立つ選手の顔やうでからも、あせが □（▼どのように） としたたり落ちていた。

ぽかぽか・ぎらぎら・ぽたぽた・ふらふら

☆ **3** 絵を見て、次の□に合うことばを考えて書きましょう。（一つ10点）

(1)

(2)

(3)

(1) □（▼だれが） が、つりざおの糸を □（▼どうした）。すると、大きな魚がかかっていた。

(2) □（▼いつ）、妹と花火をしました。□（▼どのように） と飛び散る花火を見て、妹は喜《よろこ》んでいました。

(3) 先週、□（▼どこで） でバーベキューをしました。□（▼どのように） と音がして、おいしく焼けました。

わくわく情《じょう》報《ほう》　花火が作られたのは日本が最初ではないよ。火薬を使う花火は，14 世紀《せいき》後半にイタリアで始まったと言われている。

作文(3)

学習日　月　日　とく点　点

1 絵を見て、次のことばに続く文を〈　〉のことばを使って作りましょう。（一つ20点）

(1)〈フライパン・ホットケーキ〉

わたしは、フライパンでホットケーキを作りました。とても

(2)〈試合・ヒット〉

ぼくは、

(3)〈家族・カラオケ〉

昨日、

2 絵の場面から〈　〉のことばを使って、作文を書きましょう。（40点）

〈魚つり・大きな魚〉

〈夕食・料理〉

おもしろことばメモ　ネコのように，熱いものを飲んだり食べたりできない人を「ねこ舌《じた》」というよ。

国語　25回

1学期のまとめ(1)

学習日　月　日　とく点　点

1 次の文章を読んで、問題に答えましょう。

［春休みに引っこした亮太《りょうた》は、ひと月がたったころ、前の小学校で仲のよかったともだちに会いにでかけた。］

帰りの電車は、ぬれた服を着たように体が重かった。

タタン、タタン、タタン。電車の音も①たんちょうで、ちっともはずんでなどいない。しかも混《こ》んでいて、すわれなかった。

亮太《りょうた》はつりかわにつかまり、ぼんやりと外をながめた。

②前のともだちと学校は、何も変わらないと思っていた。前の町に行けば、引っこす前と変わらない状《じょう》態《たい》にもどれると、勝手に思いこんでいた。

だけど、そんなはずがない。向こうは向こうで、新しいことがどんどん起きているのだ。

……ひとりぼっちになったみたいだ。

なみだがこみあげてきそうなのをこらえ、まどに目をやると、くすんだ色の景色《けしき》が流れている。

（令和2年度版　教育出版　ひろがる言葉　小学国語五上　21～22ページより『いつか、大切なところ』魚住直子《うおずみなおこ》）［　］部要約

(1) ①・②の——のことばを漢字で書きましょう。（一つ10点）

① たんちょう〔　　〕　② ともだち〔　　〕

(2) 「そんなはず」とは、どのようなことを指しますか。（一つ20点）

〔前のともだちと□□は何も変わらず、前の町に行けば、□□□□□□□□□□□□□にもどれるはずということ。〕

(3) 「向こうは向こうで、新しいことがどんどん起きている」と気づいた亮太《りょうた》は、どのような気持ちになりましたか。（20点）

〔□になったような気持ちになった。〕

(4) 「くすんだ色の景色《けしき》が流れている」から、亮太《りょうた》のどんな気持ちがわかりますか。合うものに○をつけましょう。（20点）

ア（　）楽しい　イ（　）はずかしい

ウ（　）悲しい

わくわく情《じょう》報《ほう》　カモノハシとハリモグラは，ほにゅう類だけどたまごを産むよ。ほにゅう類の中でも原始的な仲間といわれているよ。

1学期のまとめ⑵

学習日　月　日　　とく点　点

1 次の文章を読んで、問題に答えましょう。

〔ストーリーまんがは、「コマ」とよばれる四角いわくの中にえがかれた絵を連続させて、表現《ひょうげん》される。〕

コマは、物語の展開《てんかい》に重要な役割《やくわり》を①はたします。細かいコマや小さなコマがくり返されると、物語のテンポが速まり、大きなコマや変わった形のコマが入ると、場面のいん象《しょう》が強まります。数種類のコマを組み合わせて、回想や想像《そうぞう》、夢《ゆめ》など、時間や心の動きを表現《ひょうげん》することもあります。（略《りゃく》）

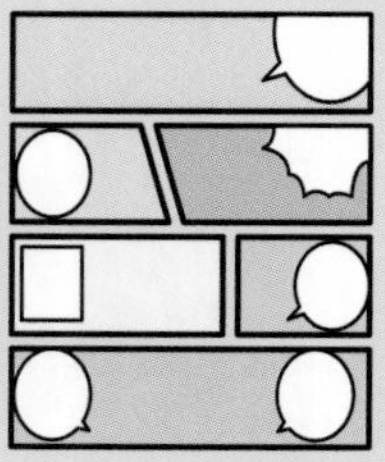

［　　］、コマと同じくらい重要なものに、登場人物たちの話すせりふ(言葉)があります。せりふは、ふつう、「フキダシ」とよばれる円形のわくの中に、本などで使われる②いんさつ用の文字で入っています。そのせりふがどの人物のものなのかは、人物とフキダシとの位置関係からわかります。

（令和2年度版　教育出版　ひろがる言葉　小学国語五下　90～91ページより『まんがの方法』石田佐恵子《いしたさえこ》）〔　〕部要約

⑴ ①・②の――のことばを漢字で書きましょう。（一つ10点）

① はたし〔　　たし〕　② いんさつ〔　　〕

⑵ コマは物語の展開《てんかい》において、どのような役割《やくわり》をはたしますか。（一つ15点）

・物語の［　　］を速めたり、［　　］のいん象《しょう》を強めたりする役割《やくわり》。

・回想や想像《そうぞう》、夢《ゆめ》など、［　　］を表現《ひょうげん》する役割《やくわり》。

⑶ ［　　］に合うことばを次から一つ選んで、○をつけましょう。（20点）

ア（　）また
イ（　）では
ウ（　）もし

⑷ せりふがどの人物のものなのかは、何からわかりますか。（15点）

〔人物と［　　］から　わかる。〕

おもしろことばメモ　オジギソウは，葉の付け根をさわられると，葉をとじるよ。下を向いておじぎをしているように見えるんだ。

算数 22回

1学期のまとめ(2)

学習日		とく点
月	日	点

1 次の数を書きましょう。（1つ6点）

① 5.72 を 10 倍した数　（　　　）

② 4.09 を 1000 倍した数　（　　　）

③ 31.8 の $\frac{1}{10}$ の数　（　　　）

④ 267.5 の $\frac{1}{1000}$ の数　（　　　）

2 わりきれるまで計算しましょう。（1つ9点）

① $0.6\overline{)4.8}$

② $1.4\overline{)18.2}$

③ $0.4\overline{)0.9}$

④ $0.16\overline{)0.8}$

⑤ $0.18\overline{)1.71}$

⑥ $0.7\overline{)20.3}$

3 下の三角形アイウと三角形カキクは合同です。次の問題に答えましょう。（1つ6点）

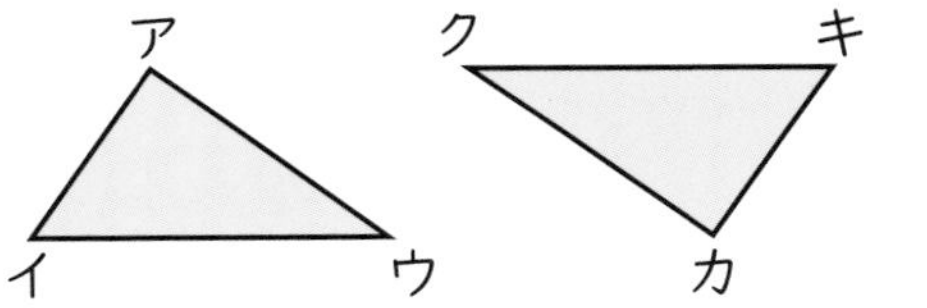

① 辺アイに対応《たいおう》する辺はどれですか。　（　　　）

② 角ウに対応《たいおう》する角はどれですか。　（　　　）

4 右の表は，1つの体積が $64cm^3$ のブロックを重ねていったときのブロックの数と体積の関係を調べたものです。ブロックの数を□個《こ》，体積を○ cm^3 として，□と○の関係を式に表しましょう。（10点）

ブロックの数（個《こ》）	1	2	3	4	5	
体積（cm^3）	64	128	192	256	320	

（　　　）

わくわく情報《じょうほう》　のぼせると鼻血が出るのは，鼻のあなの細かい血管が広がってやぶれるからだ。

1学期のまとめ(1)

学習日　月　日　とく点　点

1 □にあてはまる数を書きましょう。（1問全部できて8点）

① 32.96 = 10 × □ + 1 × □ + 0.1 × □ + 0.01 × □

② 5.408 = 1 × □ + 0.1 × □ + 0.01 × □ + 0.001 × □

2 次の計算をしましょう。（1つ9点）

① 14 × 0.8

② 7.9 × 0.2

③ 2.49 × 0.6

④ 3.2 × 2.4

⑤ 12.5 × 7.3

⑥ 4.15 × 2.8

3 次の図のあの角度を計算で求めましょう。（1つ10点）

①
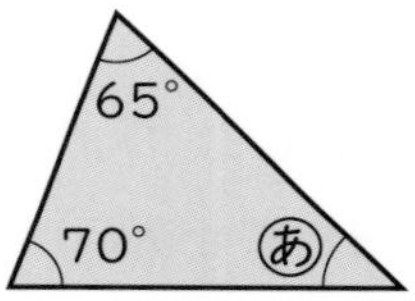

式

答え（　　　）

②
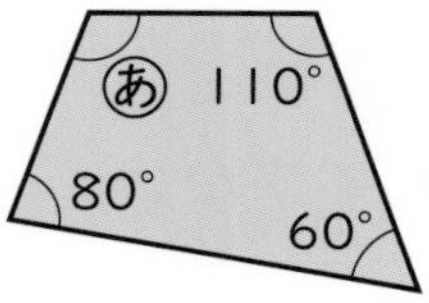

式

答え（　　　）

4 右のような立体の体積を求めましょう。（10点）

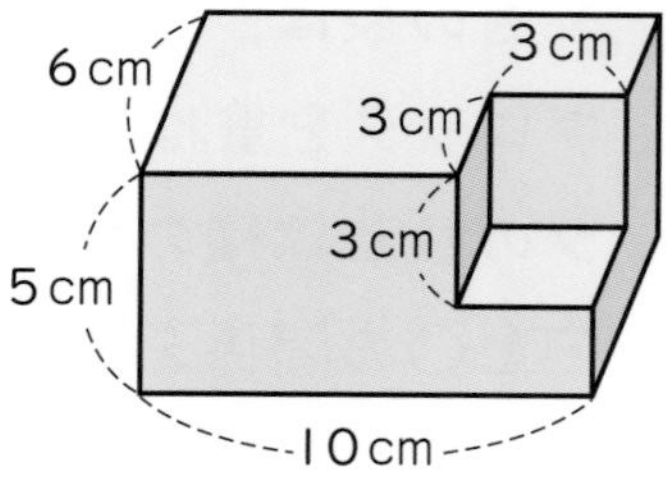

式

答え（　　　）

わくわく情《じょう》報《ほう》　ゾウは暑くなると耳をバタバタさせるよ。耳から熱をにがしているんだ。

平均《へいきん》

学習日　月　日　とく点　点

1 2つのコップA《エー》，B《ビー》に水が入っています。（1つ10点）

① コップA《エー》とB《ビー》の水の量をあわせると，合計は何mLになりますか。

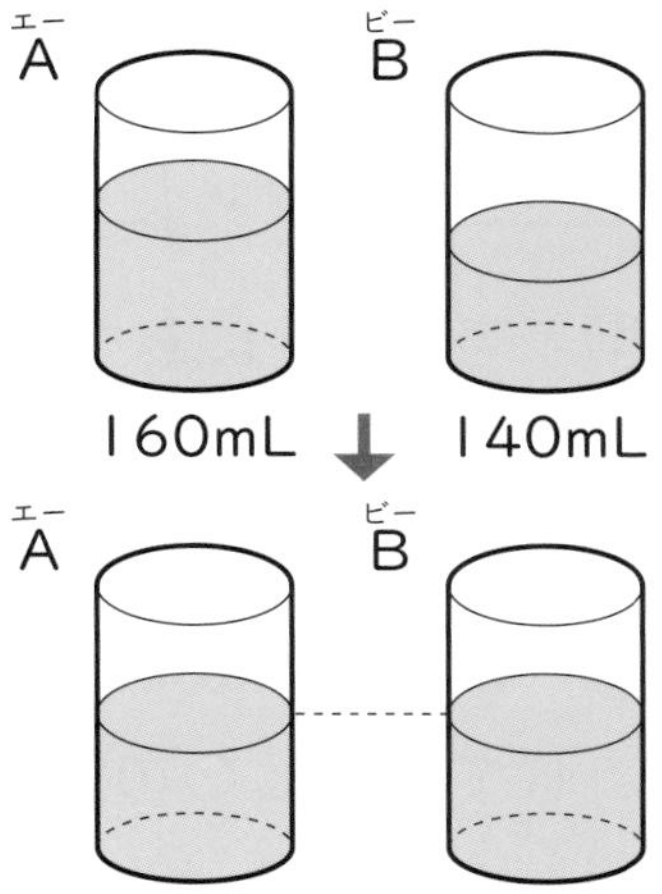

式

答え（　　　）

② 水の量が多い方のコップA《エー》の水をコップB《ビー》に移《うつ》して，2つのコップの水の量を等しくします。1つのコップの水の量は何mLになりますか。

式

答え（　　　）

2 3つのコップA《エー》，B《ビー》，C《シー》に水が入っています。水を移《うつ》して3つのコップの水の量を等しくします。1つのコップの水の量は何mLになりますか。（20点）

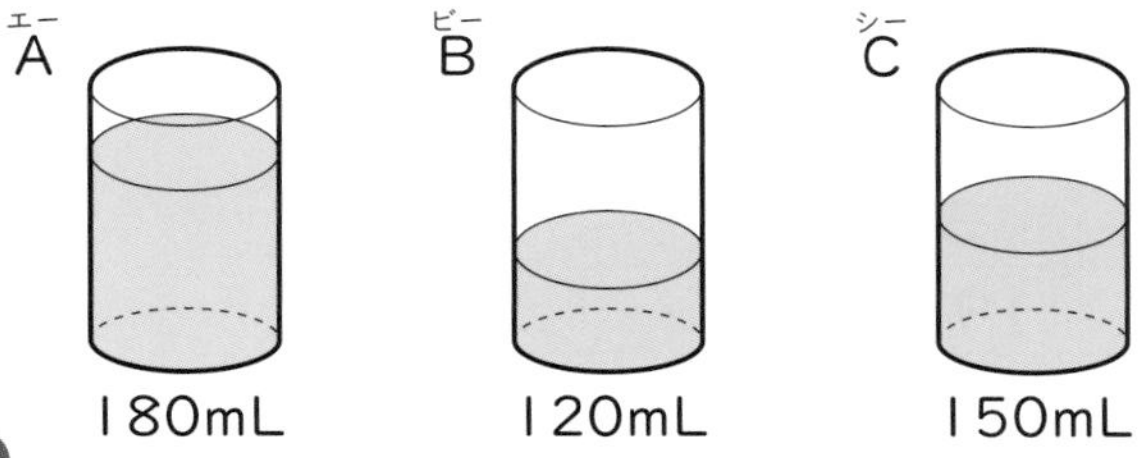

いくつかの数量を，等しい大きさになるようにならしたものを，**平均《へいきん》**というよ。

式

答え（　　　）

3 右の表は，さきさんが月曜日から木曜日までの4日間に飲んだ牛にゅうの量を表したものです。さきさんは，1日平均《へいきん》何mLの牛にゅうを飲んだことになりますか。（20点）

式

答え（　　　）

さきさんが飲んだ牛にゅうの量

曜日	月	火	水	木
牛にゅうの量(mL)	160	180	170	190

4 次のような重さのたまごがあります。6個《こ》のたまごの重さの平均《へいきん》を求めましょう。（20点）

〔 57g,　54g,　52g,　55g,　56g,　56g 〕

式

答え（　　　）

☆ **5** 右の表は，5年1組で，先週の休み時間に図書室から借りた本のさっ数を調べたものです。1日平均《へいきん》何さつ借りたことになりますか。（20点）

式

答え（　　　）

借りた本のさっ数

曜日	月	火	水	木	金
さっ数（さつ）	3	0	8	6	9

びっくりランキング　世界一広い国はロシアで，その面積は約1710万平方キロメートル。日本の約45倍もあるよ。

比例《ひれい》

1 長さが 4cm のぼうを下のようにならべていき，ぼうの本数と全体の長さの関係を表にまとめました。次の問題に答えましょう。 （1つ16点）

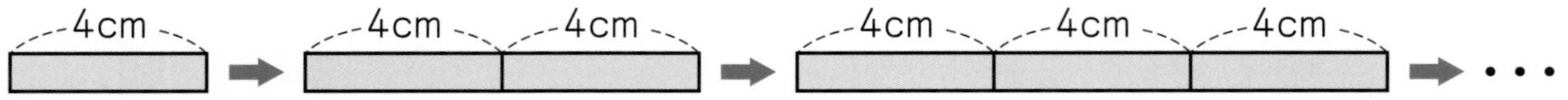

① 表の□にあてはまる数を書きましょう。

ぼうの本数（本）	1	2	3	4	5	
全体の長さ（cm）	4					

② ぼうの本数を□本，全体の長さを○cm として，□と○の関係を式に表しましょう。 （　　）

③ 全体の長さはぼうの本数に比例《ひれい》しますか，比例《ひれい》しませんか。 （　　）

2 下の表は，底面積が 6.5cm² である直方体の高さと体積の関係を調べたものです。次の問題に答えましょう。 （1つ16点）

直方体の高さ（cm）	1	2	3	4	5	
直方体の体積（cm³）	6.5	13	19.5	26	32.5	

① 直方体の高さを□cm，体積を○cm³ として，□と○の関係を式に表しましょう。

（　　）

② 高さが 11cm のとき，体積は何 cm³ ですか。

式

答え（　　）

★**3** 下の表で，2つの量が比例《ひれい》しているものに○を書きましょう。 （20点）

あ 正三角形の，1辺の長さとまわりの長さ （　　）

1辺の長さ（cm）	1	2	3	4	5	
まわりの長さ（cm）	3	6	9	12	15	

い 全部で 20 だんある階だんの，上った数と残りの数 （　　）

上った数（だん）	1	2	3	4	5	
残りの数（だん）	19	18	17	16	15	

う 1kg のねだんが 820 円のお米を買うときの，お米の重さと代金 （　　）

お米の重さ（kg）	1	2	3	4	5	
お米の代金（円）	820	1640	2460	3280	4100	

わくわく情報《じょうほう》 あせは暑いときだけでなく，からい物を食べたときなど，興《こう》ふんしたときにも出るよ。

算数 18回

体積(3)

学習日	とく点
月　日	点

1 下のような立体について答えましょう。 （1つ10点）

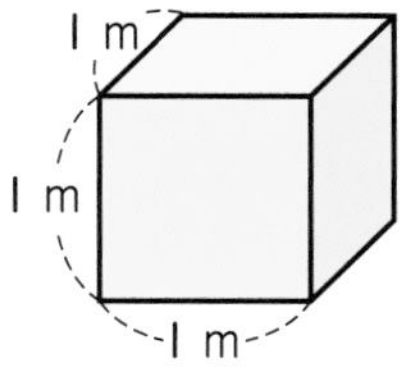

① 体積は何 m^3 ですか。

式

答え（　　　　）

② 体積は何 cm^3 ですか。

式

答え（　　　　）

2 □にあてはまる数を書きましょう。 （1つ5点）

① $1m^3$ ＝ □ cm^3

② $2m^3$ ＝ □ cm^3

③ $1000000cm^3$ ＝ □ m^3

④ $3000000cm^3$ ＝ □ m^3

3 下のような入れものに入る水の量は 1L です。 （1つ10点）

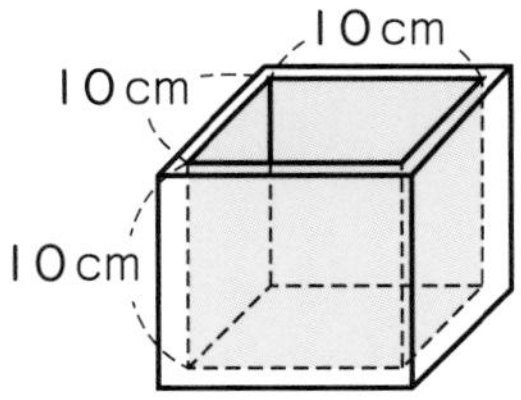

① この入れものに入る水の体積（容積《ようせき》）は何 cm^3 ですか。

式

答え（　　　　）

② 1L は何 cm^3 ですか。

（　　　　）

4 □にあてはまる数を書きましょう。 （1つ5点）

① 1L ＝ □ cm^3

② 2L ＝ □ cm^3

③ 1L ＝ 1000 mL

④ 2L ＝ □ mL

⑤ $1000cm^3$ ＝ □ L

⑥ $5000cm^3$ ＝ □ L

⑦ 1mL ＝ □ cm^3

⑧ 2mL ＝ □ cm^3

わくわく情《じょう》報《ほう》 天気のよい日に，道路の先のほうがゆれて見えるのは，熱で空気にむらができるからだよ。

体積(2)

学習日	とく点
月　日	点

1 次のような立体の体積を求めましょう。（1つ20点）

①

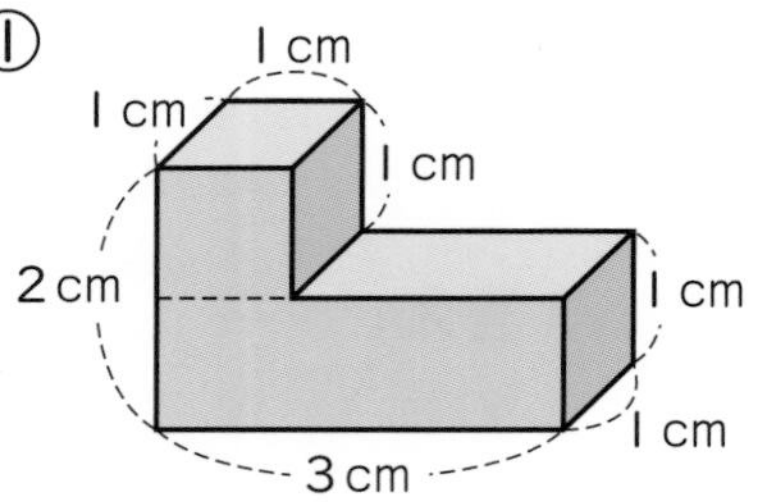

式 [1 × 1 × 1] ＋ [1 × 3 × 1]

＝ [　] ＋ [　]

＝

答え（　　　　）

②

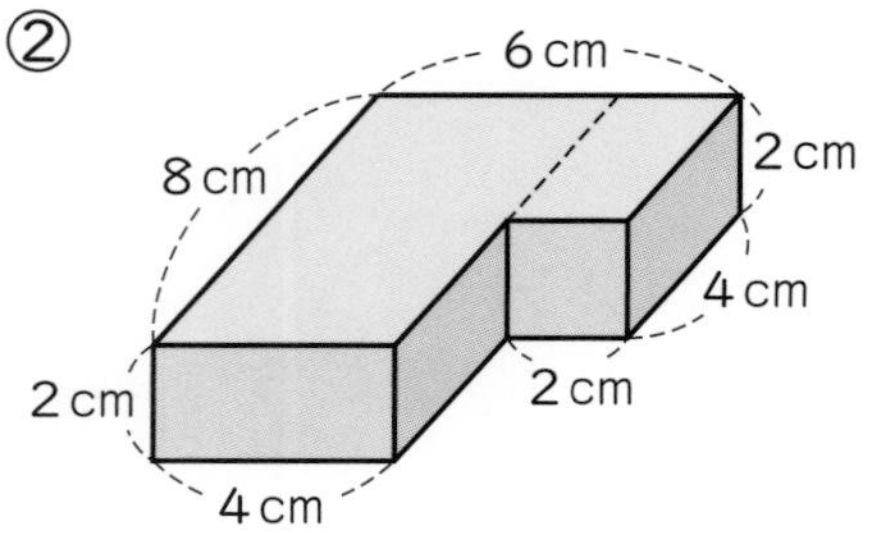

式 [　　　　] ＋ [　　　　]

＝

答え（　　　　）

2 次のような立体の体積を求めましょう。（1つ20点）

①

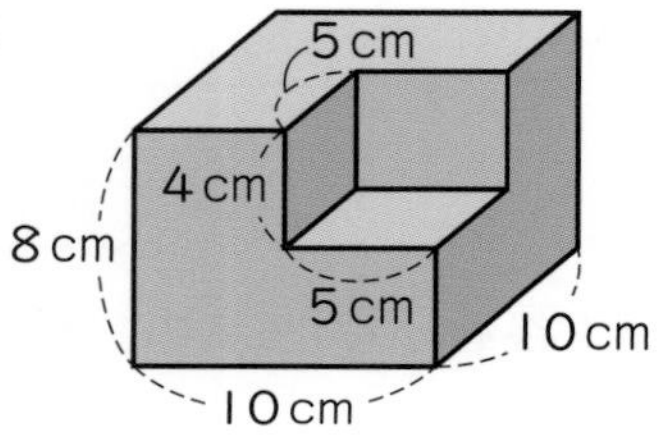

式 [10 × 10 × 8] － [5 × 5 × 4]

＝

答え（　　　　）

②

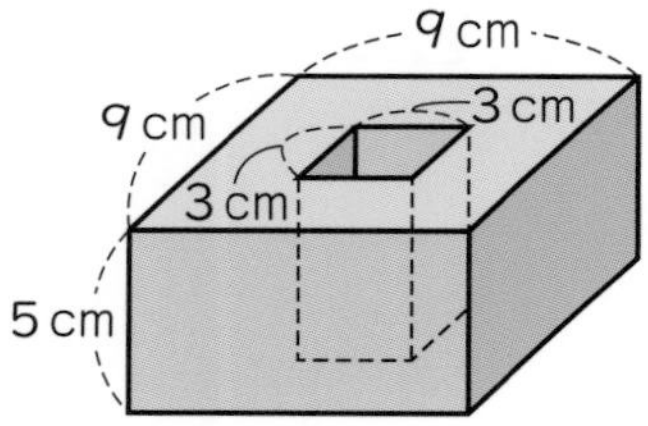

式

答え（　　　　）

3 下のような立体の体積を求めましょう。（20点）

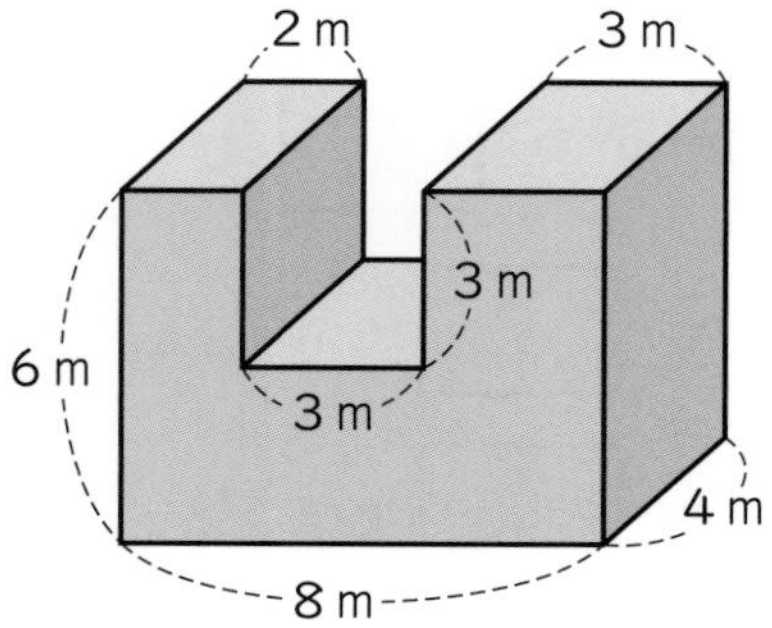

式

答え（　　　　）

わくわく情《じょう》報《ほう》　サメのするどい歯は，ぬけ落ちると何回でも生え変わるよ。10年間で3万本の歯が生え変わるサメもいるよ。

算数 16回 体積(1)

学習日	とく点
月　日	点

1 Ｉ辺が１cm の立方体の積み木を使って，いろいろな形をつくりました。それぞれの体積は何 cm³ ですか。　（1つ8点）

①
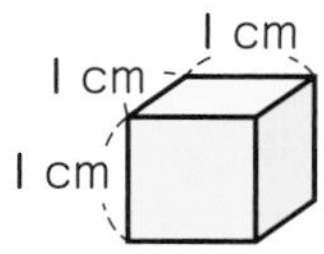

（　1 cm³　）

②
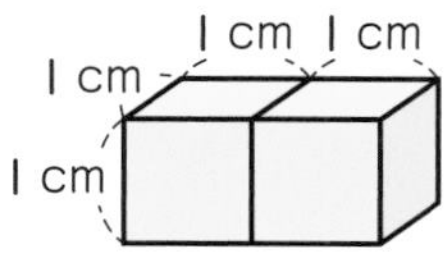

（　　　）

③
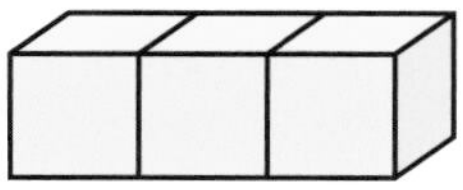

（　　　）

④
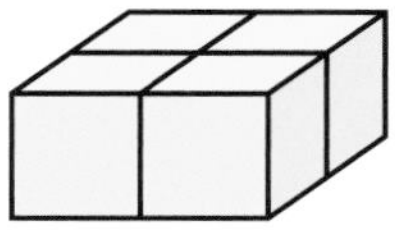

（　　　）

⑤
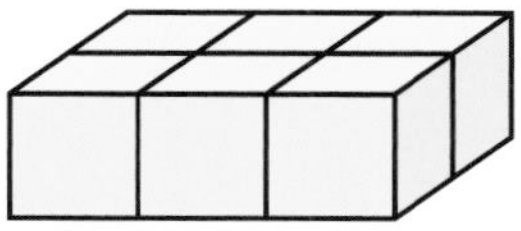

（　　　）

⑥
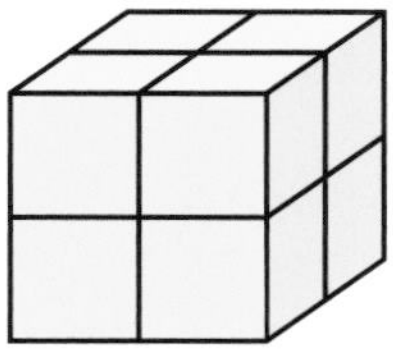

（　　　）

2 次の直方体や立方体の体積は何 cm³ ですか。　（1つ8点）

①
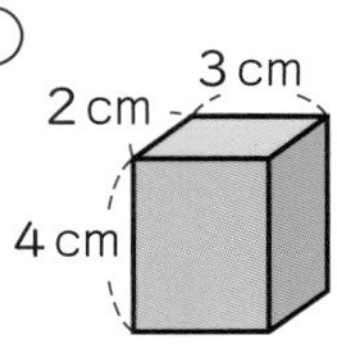

式　たて　横　高さ
2 × 3 × 4 =

答え（　　　）

②
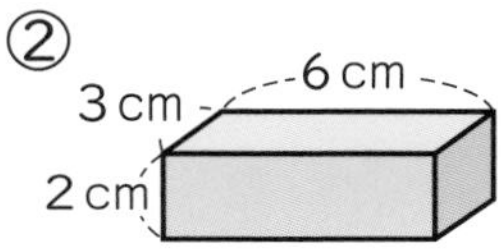

式

答え（　　　）

③
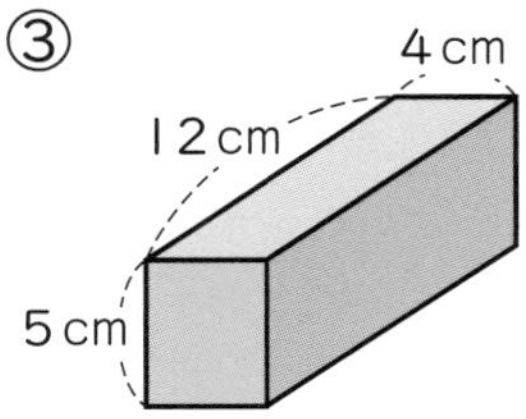

式

答え（　　　）

④
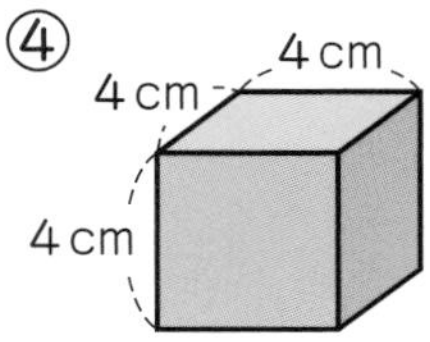

式

答え（　　　）

★
3 次の直方体や立方体の体積は何 m³ ですか。　（1つ10点）

①
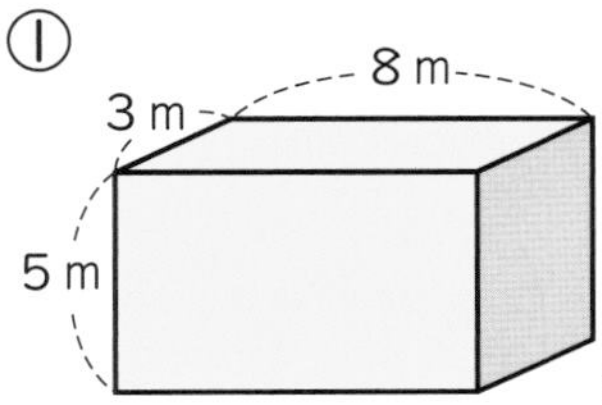

式

答え（　　　）

②
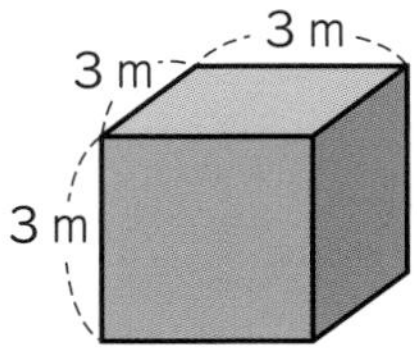

式

答え（　　　）

わくわく情報《じょう ほう》　地球の中心は，表面から約 6370 キロメートルの深さのところにあって，中心の温度は 6000 度以上あると考えられているよ。

算数 15回

合同な図形(2)

学習日	とく点
月　日	点

1 コンパスや分度器，ものさしを使って，次の三角形を□にかきましょう。

（1つ20点）

①

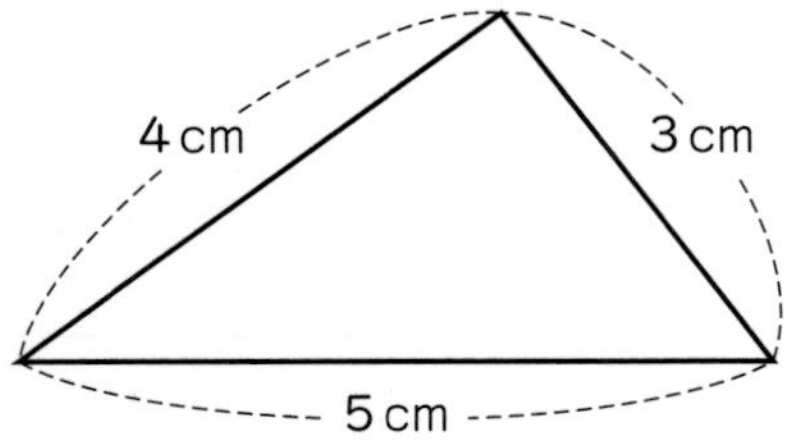

②

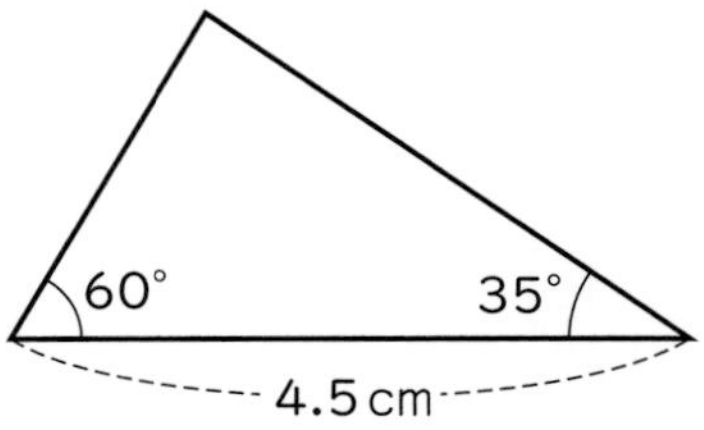

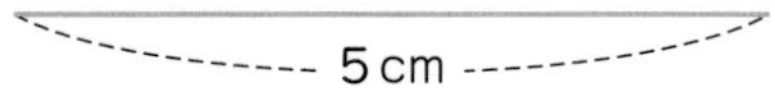

2 次の三角形をかきましょう。

（1つ20点）

① 2つの辺の長さが6cm，5cmで，その間の角が55°の三角形

② 辺の長さが6cm，5cm，5.5cmの三角形

3 下の三角形と合同な三角形をかこうと思います。図にかかれた辺の長さのほかに，あと1つどの辺の長さや角の大きさがわかれば合同な三角形がかけますか。

（1つ10点）

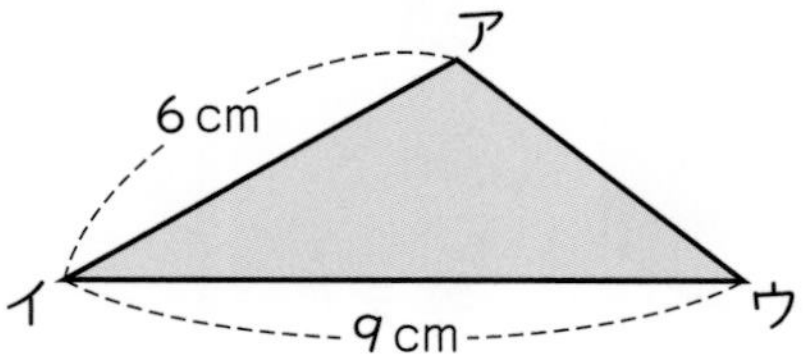

（　　　　　　）または（　　　　　　）

わくわく情報《じょうほう》　太陽の表面温度は約6000度。中心部では約1500万度あると考えられているよ。

合同な図形(1)

学習日 月 日　とく点 点

1 次のあ～しの中から，合同な図形を３組答えましょう。 (1組10点)

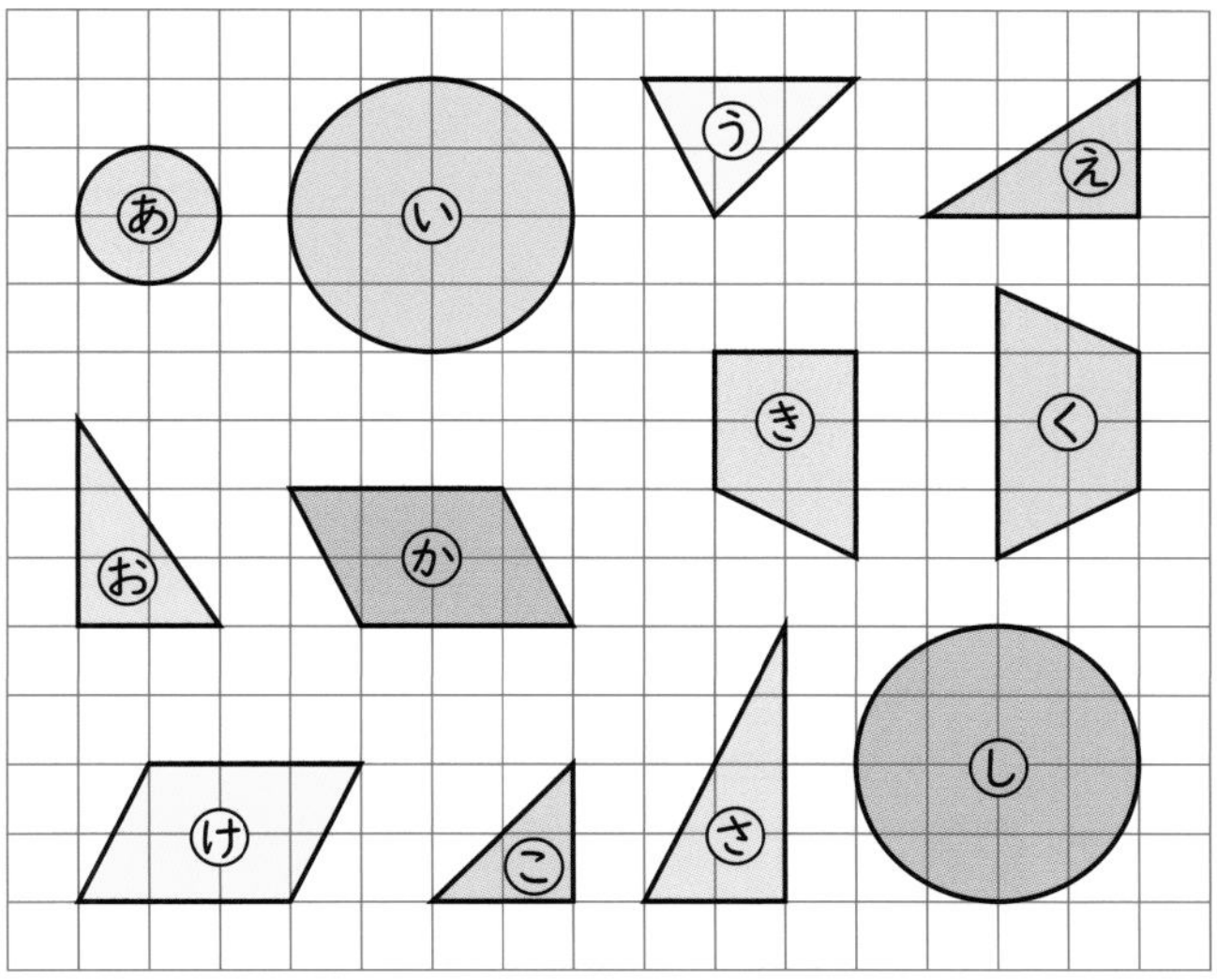

・(　　)と(　　)
・(　　)と(　　)
・(　　)と(　　)

2 次の四角形アイウエと，四角形カキクケは合同です。 (1つ10点)

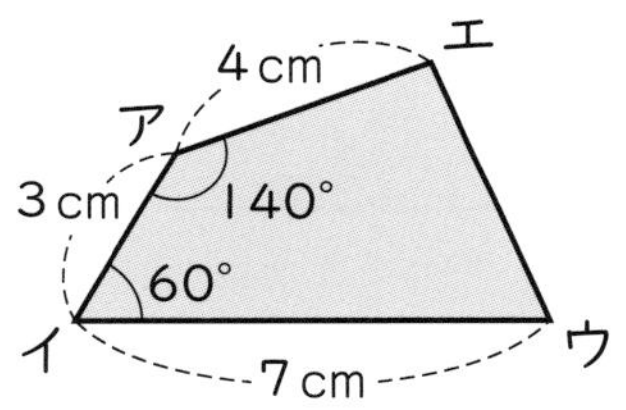

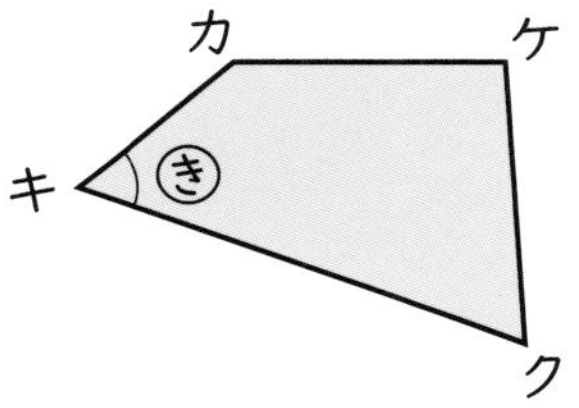

① 頂点《ちょうてん》アに対応《たいおう》する頂点《ちょうてん》はどれですか。 (　　)

② 角ケに対応《たいおう》する角はどれですか。 (　　)

③ 辺ウエに対応《たいおう》する辺はどれですか。 (　　)

④ 角きの大きさは何度ですか。 (　　)

⑤ 辺カキの長さは何cmですか。 (　　)

3 次の図は平行四辺形アイウエに２本の対角線をひいたものです。 (1つ10点)

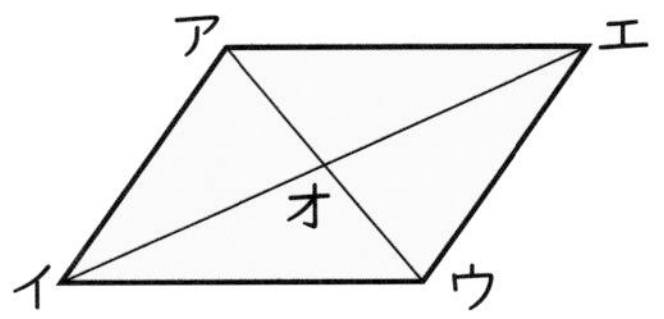

① 三角形アイエと合同な三角形はどれですか。 (　　)

② 三角形アイオと合同な三角形はどれですか。 (　　)

わくわく情《じょう》報《ほう》　デンキウナギは体から電気を出すんだ。その電気の強さは600～800ボルトで，川を歩いてわたる馬をたおしてしまうほどの力だよ。

角の大きさ(2)

学習日　月　日　とく点　点

1 四角形は，対角線で２つの三角形に分けることができます。
四角形の４つの角の和は何度になりますか。（10点）

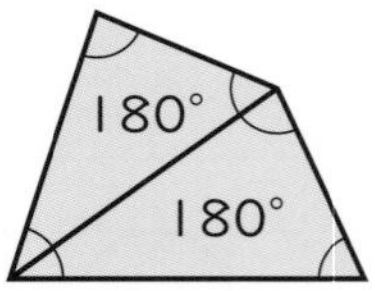

（　　　　）

2 次の四角形の㋐の角度を計算で求めましょう。（1つ12点）

①

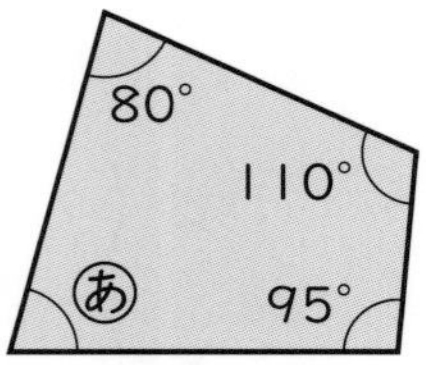

式　360 −(80+110+95)=

答え（　　　　）

②

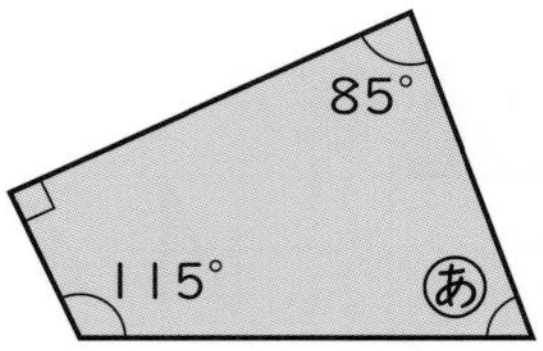

式

答え（　　　　）

③

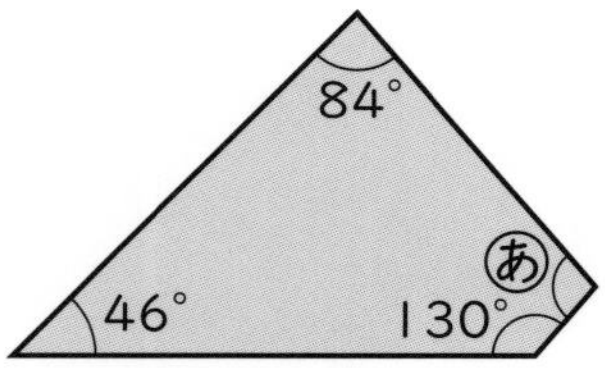

式

答え（　　　　）

④

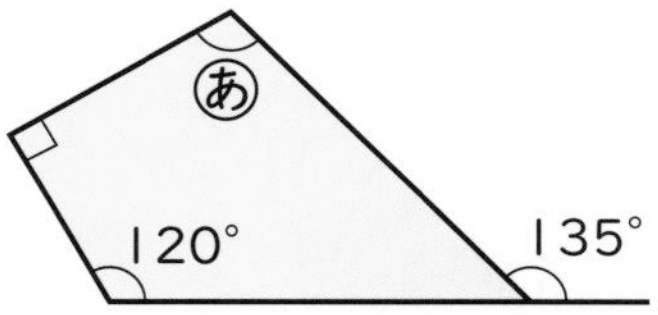

式

答え（　　　　）

3 五角形の５つの角の和は何度になりますか。（10点）

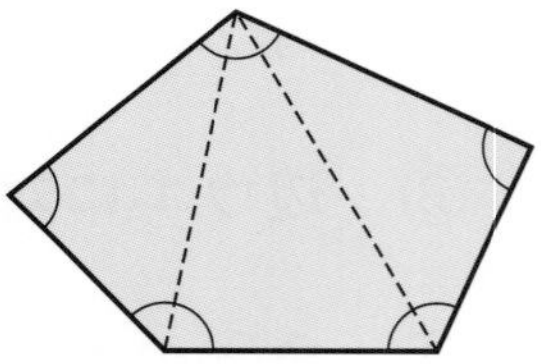

（　　　　）

4 次の五角形の㋐の角度を計算で求めましょう。（1つ16点）

①

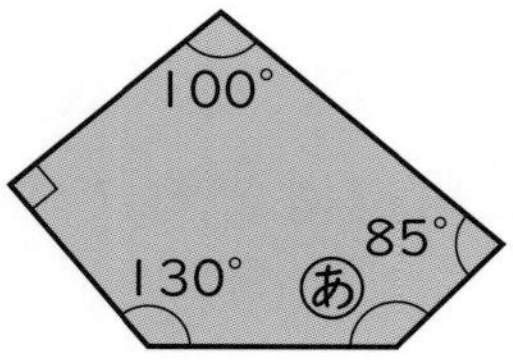

式

答え（　　　　）

②

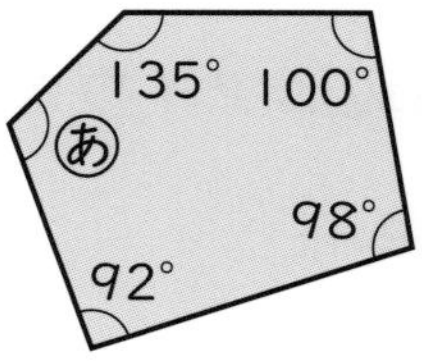

式

答え（　　　　）

わくわく情報《じょうほう》　おおぐま座《ざ》や白鳥《はくちょう》座《ざ》など，星座《せいざ》の数は 88 種類あるよ。そのうち４種類は日本から見ることができないんだ。

算数 12回

角の大きさ(1)

学習日　月　日
とく点　点

1 次の三角形のあの角度を計算で求めましょう。（1つ12点）

①
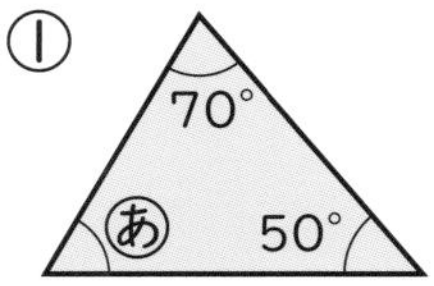

式 180 −(70＋50)＝

答え（　　　　）

②
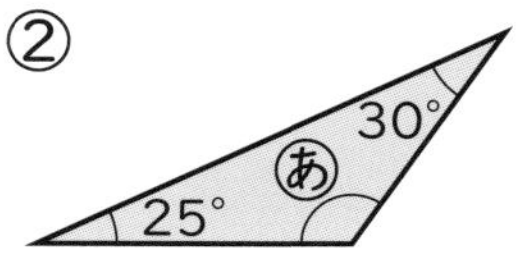

式

答え（　　　　）

三角形の 3 つの
角の和は 180°
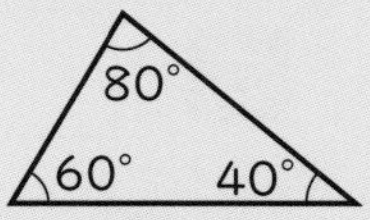

80+60+40
=180

③
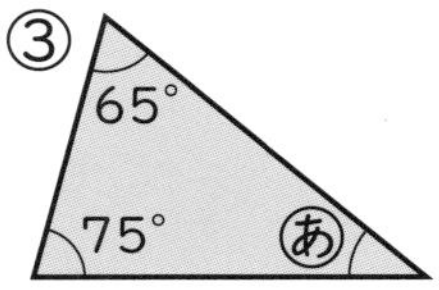

式

答え（　　　　）

④
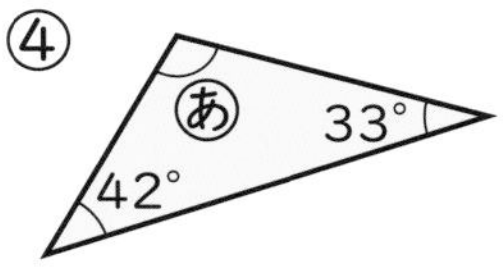

式

答え（　　　　）

2 次の三角形のあの角度を計算で求めましょう。（1つ12点）

①
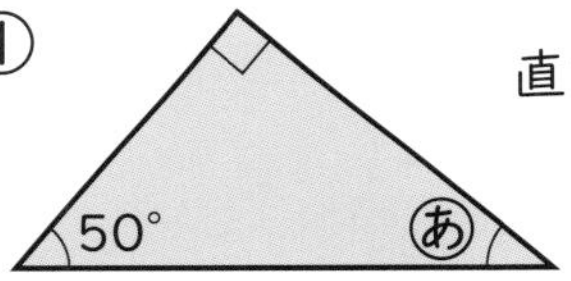

直角三角形

式

答え（　　　　）

②
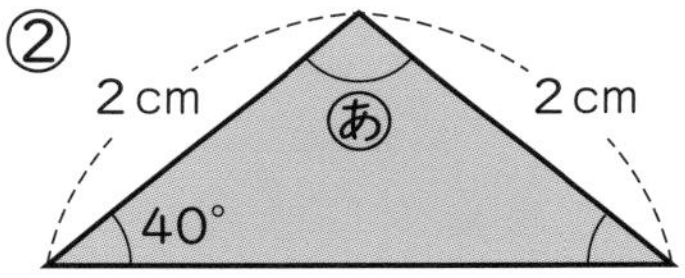

二等辺三角形

式

答え（　　　　）

★ 3 次の図のあの角度を計算で求めましょう。（1つ14点）

①
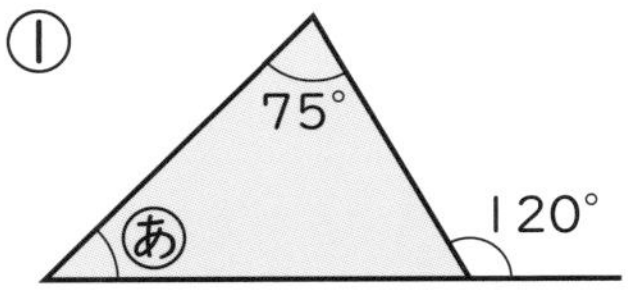

式 180−120=60
180−(60+75)=

答え（　　　　）

②
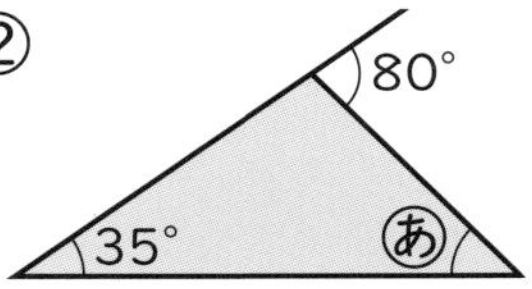

式

答え（　　　　）

わくわく情報《じょうほう》　太陽の大きさは半径約 70 万キロメートル，地球の半径の約 109 倍もあるよ。

算数 11回

小数のわり算(4)

学習日	とく点
月　日	点

1 リボンを 2.6m 買ったら，代金は 390 円でした。このリボン 1m のねだんは何円ですか。 （14点）

式　代金 [390] ÷ 買った長さ [2.6] = 1m のねだん [　]

答え（　　　　）

2 テープを 0.9m 買ったら，代金は 108 円でした。このテープ 1m のねだんは何円ですか。 （14点）

式

答え（　　　　）

3 はちみつ 2.5L の重さは 3.5kg でした。このはちみつ 1L の重さは何 kg ですか。 （14点）

式

答え（　　　　）

4 赤いひもの長さは 8.4m でした。これは青いひもの長さの 2.4 倍にあたります。青いひもの長さは何 m ですか。 （14点）

式　赤いひも [　] ÷ 何倍 [　] = 青いひも [　]

答え（　　　　）

5 水が 21.6L あります。これは牛にゅうの量の 1.6 倍にあたります。牛にゅうは何 L ですか。 （14点）

式

答え（　　　　）

6 長さ 19.2m のテープがあります。このテープを 1.6m ずつ切っていくと，1.6m のテープは何本できますか。 （14点）

式

答え（　　　　）

☆

7 1.8L のしょう油を 0.5L ずつびんに入れます。0.5L 入りのびんは何本できて，何 L 残りますか。 （16点）

式

答え（　　　　）

びっくりランキング

日本で一番高い場所にある駅は，長野県を走るＪＲ《ジェイアール》小海《こうみ》線の野辺山駅《のべやまえき》で，標高（海面からはかった土地の高さ）1345.67 メートルだよ。

算数 10回 小数のわり算(3)

学習日	とく点
月　日	点

1 次のわり算で，商を一の位まで求め，あまりも出しましょう。 （1つ15点）

① 2.5 ÷ 0.3 = □ あまり 0.1

```
        8
0.3)2.5
    2 4
    0.1
```

あまりの小数点は，
わられる数のもとの
小数点にそろえるよ。

② 14.9 ÷ 0.3 =

③ 20.7 ÷ 0.6 =

④ 75.5 ÷ 1.8 =

2 次のわり算で，商を四捨五入《ししゃごにゅう》して上から２けたのがい数で求め，答えを（　）に書きましょう。 （1つ10点）

①
```
        2.□□
0.3)0.8.0 0
      6
      2 0
      □□
        □□
        □□
          □
```
（　　　）

上から３けた目を
四捨五入《ししゃごにゅう》するよ。

② 0.3)1.6

（　　　）

③
```
        0.8□□
0.7)0.6.0 0 0
      5 6
        4 0
        □□
          □□
          □□
            □
```
（　　　）

０以外の数から
数えて，上から
２けたのがい数に
するよ。

④ 1.4)1.2

（　　　）

わくわく情《じょう》報《ほう》　地球と太陽までのきょりは，約１億5000万キロメートルある。太陽から出た光が地球にとどくまで約500秒（８分20秒）かかるよ。

算数 9回

小数のわり算(2)

学習日	とく点
月　日	点

1 わりきれるまで計算しましょう。

(1つ4点)

① 1.4) 5.6

② 0.14) 5.6 0

③ 0.12) 4.8

④ 0.15) 0.75

⑤ 0.13) 0.52

⑥ 0.24) 0.72

⑦ 0.16) 0.56.0

⑧ 0.25) 0.85

⑨ 0.35) 0.84

★ 2 わりきれるまで計算しましょう。

(1つ8点)

① 1.7) 23.8

② 3.4) 88.4

③ 0.15) 12.6

④ 0.17) 23.8

⑤ 0.34) 88.4

⑥ 0.18) 1.35

⑦ 0.42) 9.03

⑧ 0.15) 4.8

びっくりランキング　世界で初めて高速道路が作られたのは，イタリア。アウトストラーダとよばれている。完成したのは1920年代の前半なんだ。

算数 8回

小数のわり算(1)

学習日 月 日 　とく点 点

1 〈例〉のようにわり算の式をなおしましょう。（1つ5点）

〈例〉 0.3)6 ──→ 3)60　　0.3)0.18 ──→ 3)1.8
1.2)3.6 ──→ 12)36　　1.4)0.35 ──→ 14)3.5

① 0.2)8 ──→ 2)□
② 0.2)0.8 ──→ 2)□
③ 0.2)0.08 ──→ 2)□
④ 1.6)3.2 ──→ 16)□
⑤ 0.7)0.21 ──→ 7)□
⑥ 1.2)2.64 ──→ 12)□

2 わりきれるまで計算しましょう。（1つ5点）

① □□
0.3)6 0
6
0

② 0.3)9

③ □
0.3)0.6

④ 0.4)3.6

⑤ □.□
0.6)0.2.4

⑥ 0.9)0.72

⑦ 0.7)3.22

⑧ □.□□
0.6)0.3.9 0

⑨ 0.5)1.71

3 わりきれるまで計算しましょう。（1つ5点）

① 1.5)9

② 1.5)0.9

③ 1.2)5.4

④ 1.6)2.56

⑤ 2.4)3.24

びっくりランキング　世界で初めて月に着陸した有人ロケットは，1969年7月16日に打ち上げられたアポロ11号だよ。

小数のかけ算(4)

学習日　　月　　日　　とく点　　点

1 1mが80円のテープを2.5m買います。代金は何円ですか。（16点）

	1mのねだん		全体の長さ		代金
式	80	×	2.5	=	

答え（　　　　）

2 1mが160円のリボンを0.7m買います。代金は何円ですか。（16点）

式

答え（　　　　）

3 1Lの重さが1.5kgのはちみつがあります。このはちみつ8.2Lの重さは何kgですか。（16点）

	1Lの重さ		全体の量		全体の重さ
式		×		=	

答え（　　　　）

4 1Lの重さが1.2kgの食塩水があります。この食塩水1.85Lの重さは何kgですか。（16点）

式

答え（　　　　）

5 けいさんの体重は36kgです。お母さんの体重はその1.5倍です。お母さんの体重は何kgですか。（16点）

	けいさんの体重		何倍		お母さんの体重
式		×		=	

答え（　　　　）

★

6 横の長さが95cmの長方形の板があります。たての長さは，横の長さの0.8倍です。たての長さは何cmですか。（20点）

式

答え（　　　　）

びっくりランキング　世界で一番小さい独立国《どくりつこく》はイタリアのローマ市内にあるバチカン市国。面積は0.44平方キロメートルしかない。

小数のかけ算(3)

学習日　月　日　とく点　点

1 次の計算をしましょう。 (1つ5点)

①
```
    1.3 4   小数点を右へ 2 けた
×     2.6   小数点を右へ 1 けた
―――――――――
    8 0 4
  2 6 8
―――――――――
  □.□□□     あわせて左へ 3 けた
```

② 1.6 3 × 2.7

③ 2.5 8 × 1.3

④ 3.8 5 × 2.4

⑤ 1.7 4 × 1.6

⑥ 0.7 4 × 1.6

⑦ 0.7 5 × 2.4

⑧ 0.6 8 × 3.9

⑨ 2.4 × 0.4 3

⑩ 1.6 × 0.3 8

⑪ 4.3 × 0.5 2

⑫ 4.9 × 0.6 7

☆ 2 次の計算をしましょう。 (1つ5点)

① 2 3 × 0.8

② 5 7 × 1.6

③ 3 4 × 0.2 9

④ 7.5 × 0.8

⑤ 1 7.2 × 0.7

⑥ 4.1 × 8.5

⑦ 1.4 2 × 5.6

⑧ 6.9 × 0.3 4

わくわく情《じょう》報《ほう》　ご石の黒石は白石より大きい。色が明るいほうが実物より大きく見えるからだよ。

小数のかけ算(2)

学習日　月　日　とく点　点

1 次の計算をしましょう。（1つ5点）

① 0.6 × 0.4

0.6　小数点を右へ 1 けた
× 0.4　小数点を右へ 1 けた
0.24　あわせて左へ 2 けた

② 0.7 × 0.9

③ 0.8 × 0.5

④ 1.2 × 0.3

⑤ 1.3 × 0.4

⑥ 1.8 × 0.6

⑦ 2.6 × 0.6

⑧ 2.7 × 0.8

⑨ 3.7 × 0.9

⑩ 6.8 × 0.4

⑪ 12.6 × 0.3

⑫ 32.4 × 0.6

2 次の計算をしましょう。（1つ5点）

① 1.4 × 1.2

　　28
　14
　□.□□

② 2.6 × 2.3

③ 3.6 × 2.5

④ 4.2 × 3.4

⑤ 0.8 × 2.7

⑥ 4.5 × 2.3

⑦ 12.3 × 1.3

⑧ 13.4 × 2.4

びっくりランキング　日本の歴史《れきし》で，長く続いた時代ベスト 3 は，1 位平安時代《へいあんじだい》（400 年ほど），2 位古墳時《こふんじ》代《だい》（300 年ほど），3 位江戸時代《えどじだい》（260 年ほど）だよ。＊縄文《じょうもん》・弥生時代《やよいじだい》はのぞく。

算数 4回

小数のかけ算(1)

学習日　　月　　日　　とく点　　点

1 次の計算をしましょう。 (1つ5点)

① 1.8×6

② 0.6×9

③ 1.25×3
□.□□

④ 1.84×5
□.□0（0に斜線）

⑤ 0.54×12

⑥ 1.48×23

2 次の計算をしましょう。 (1つ5点)

① 16×0.3
□.□

② 13×0.8

③ 27×0.6

④ 35×0.6

⑤ 124×0.3

⑥ 256×0.4

☆ 3 次の計算をしましょう。 (1つ8点)

① 16×1.4

② 16×1.8

③ 24×1.3

④ 42×2.7

⑤ 58×2.8

わくわく情《じょう》報《ほう》　女王バチも働きバチもたまごは同じ。よう虫のときに花《か》粉《ふん》団《だん》子《ご》やみつで育つと働きバチに，ローヤルゼリーで育つと女王バチになる。

算数 3回

整数と小数(3)

学習日	とく点
月　日	点

1 □にあてはまる小数を書きましょう。 (1つ6点)

① 1を$\frac{1}{10}$にした数は，1を10等分した数で □ です。

② 0.1を$\frac{1}{10}$にした数は，0.1を10等分した数で □ です。

③ 0.01を$\frac{1}{10}$にした数は，0.01を10等分した数で □ です。

④ 1を$\frac{1}{100}$にした数は，1を100等分した数で □ です。

⑤ 0.1を$\frac{1}{100}$にした数は，0.1を100等分した数で □ です。

2 次の数を小数で書きましょう。 (1つ6点)

① 3の$\frac{1}{10}$ （　　）

② 0.3の$\frac{1}{10}$ （　　）

③ 5の$\frac{1}{100}$ （　　）

④ 0.5の$\frac{1}{100}$ （　　）

3 41.2という数について，□にあてはまる数を書きましょう。 (1つ7点)

① 41.2を$\frac{1}{10}$にした数は，□ です。

② $\frac{1}{10}$にすると，小数点は左へ □ けたうつります。

③ 41.2を$\frac{1}{100}$にした数は，□ です。

④ $\frac{1}{1000}$にすると，小数点は左へ □ けたうつります。

(もとの数)	41.2
$(\frac{1}{10})$	4.12
$(\frac{1}{100})$	0.412
$(\frac{1}{1000})$	0.0412

☆4 右の数は左の数をそれぞれ何分の一にした数ですか。 (1つ9点)

① 12.7 → 1.27 （　　）

② 814 → 8.14 （　　）

わくわく情報《じょうほう》　ネコが人間とくらすようになったのは6000年ほど前。エジプトでネズミ退治用《たいじよう》に飼《か》われたのが始まりといわれているよ。

整数と小数(2)

学習日　　月　　日　　とく点　　点

1 □にあてはまる数を書きましょう。　（1つ7点）

① 0.1 を 10 倍した数は，0.1 を 10 集めた数で □ です。

② 0.01 を 10 倍した数は，0.01 を 10 集めた数で □ です。

③ 0.1 を 100 倍した数は，0.1 を 100 集めた数で □ です。

④ 0.01 を 100 倍した数は，0.01 を 100 集めた数で □ です。

2 次の数を書きましょう。　（1つ7点）

① 0.2 の 10 倍　（　　　）

② 0.02 の 10 倍　（　　　）

③ 0.5 の 100 倍　（　　　）

④ 0.05 の 100 倍　（　　　）

3 4.12 という数について，□にあてはまる数を書きましょう。　（1つ7点）

① 4.12 を 10 倍した数は，□ です。

② 10 倍すると，小数点は右へ □ けたうつります。

③ 4.12 を 100 倍した数は，□ です。

④ 1000 倍すると，小数点は右へ □ けたうつります。

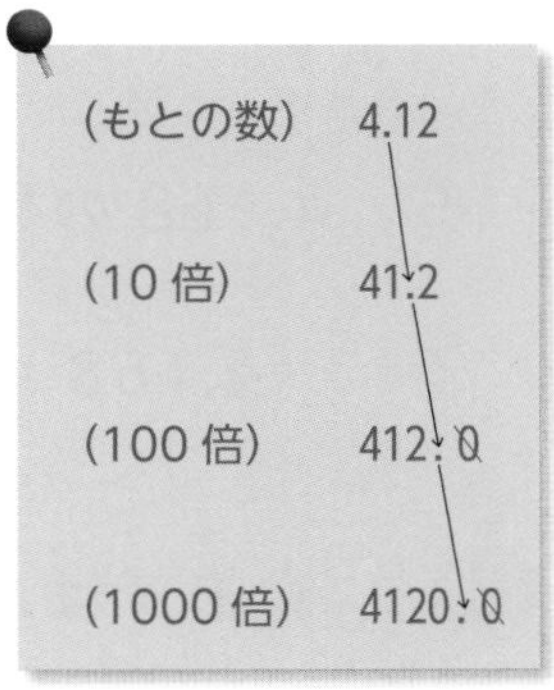

(もとの数)	4.12
(10 倍)	41.2
(100 倍)	412.0
(1000 倍)	4120.0

4 右の数は左の数をそれぞれ何倍した数ですか。　（1つ8点）

① 9.14 → 91.4　（　　　）倍

② 6.07 → 607　（　　　）倍

びっくりランキング　日本の長い川ベスト 3 は，1 位信濃川《しなのがわ》の 367 キロメートル，2 位利根川《とねがわ》の 322 キロメートル，3 位石狩川《いしかりがわ》の 268 キロメートルだよ。

整数と小数(1)

学習日 月 日 | とく点 点

1 2357 という数について，□にあてはまる数を書きましょう。（1問全部できて6点）

① 千の位の数字 2 は，1000 が [2] つあることを表しています。

② 百の位の数字 3 は，100 が □ つあることを表しています。

③ 十の位の数字 5 は，10 が □ つあることを表しています。

④ 一の位の数字 7 は，1 が □ つあることを表しています。

⑤ 2357 の数を式に表しましょう。

2357 = 1000 × [2] + 100 × □ + 10 × □ + 1 × □

2 4.168 という数について，□にあてはまる数を書きましょう。（1問全部できて6点）

① 一の位の数字 4 は，1 が □ つあることを表しています。

② $\frac{1}{10}$の位（小数第一位）の数字 1 は，0.1 が □ つあることを表しています。

③ $\frac{1}{100}$の位（小数第二位）の数字 6 は，0.01 が □ つあることを表しています。

④ $\frac{1}{1000}$の位（小数第三位）の数字 8 は，0.001 が □ つあることを表しています。

⑤ 4.168 の数を式に表しましょう。

4.168 = 1 × □ + 0.1 × □ + 0.01 × □ + 0.001 × □

★ **3** □にあてはまる数を書きましょう。（1問全部できて10点）

① 29.81 = 10 × □ + 1 × □ + 0.1 × □ + 0.01 × □

② 3.507 = 1 × □ + 0.1 × □ + 0.01 × □ + 0.001 × □

③ □ = 10 × 7 + 1 × 2 + 0.1 × 1 + 0.01 × 5

④ □ = 10 × 1 + 1 × 6 + 0.1 × 4 + 0.01 × 0 + 0.001 × 2

わくわく情《じょう》報《ほう》 ウサギのふんには2種類あって，コロコロのふんはふつうのふんだけど，ネバネバしたふんは栄養たっぷりなので，もう一度食べるよ。

🔊 49

1学期のまとめ

学習日	とく点
月　日	点

1 ヒナ(Hina)の自こしょうかいを聞いて，＿＿＿にあてはまる語を（　）の中から選んで書きましょう。 (1つ11点)

Hello. I'm Hina.

(1) My birthday is ＿＿＿＿ 15th.
(April / March)

(2) I ＿＿＿＿ ski well.
(can / can't)

2 音声を聞いて，それぞれの人物が好きなものを線で結びましょう。 (1つ13点)

(1)  Jim ●　　　　● 

(2)  Mana ●　　　　● 

(3)  Yuta ●　　　　● 

3 自こしょうかいカードを作ります。(1)にはあなたの名前をローマ字で，(2)と(3)にはあなたにあてはまるものを［　］から選んで，＿＿＿に書きましょう。 (1つ13点)

(1) Hello. I'm ＿＿＿＿.

(2) I like ＿＿＿＿.

(3) I ＿＿＿＿ swim.

Nice to meet you.

spring
summer
fall
winter
can
can't

わくわく情報《じょうほう》 日本では名前は名字，名前の順で書くけれど，外国では名前，名字の順で書くことが多いよ。韓国《かんこく》，中国，ベトナム，ハンガリーなどの国では，日本と同じ順番だよ。

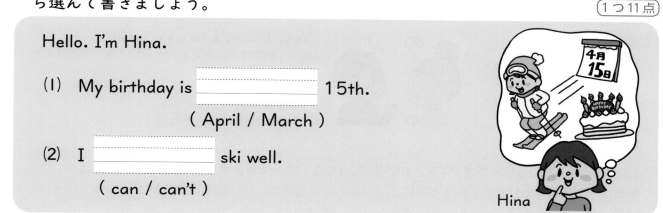

英語

7回 I can ski well.

学習日		とく点
月	日	点

50 ※教科書によって１学期に学習していないところもあります。

1 音声を聞いて，できることとできないことを伝える表現《ひょうげん》をまねして言いましょう。

言って 20 点

Can you ski?
あなたはスキーができますか。

Yes, I can. I can ski well.
はい，できます。わたしは上手にスキーができます。

But I can't swim.
でも，わたしは泳げません。

ポイント

I can ～. は「わたしは～できます」という表現《ひょうげん》。「わたしは～できません」は，I can't ～. を使う。「あなたは～できますか」とたずねるときは，Can you ～? を使う。「はい，できます」は Yes, I can.，「いいえ，できません」は No, I can't. で表す。

2 音声を聞いて，内容《ないよう》と合う絵をそれぞれアとイから選んで（　　）に書きましょう。

1つ 10 点

(1) （　　）

ア

イ

(2) （　　）

ア

イ

(3) （　　）

ア

イ

(4) （　　）

ア

イ

3 音声を聞いて，まねして言いましょう。次に，もう一度言ってから［　　］に書きましょう。

1つ 20 点

(1) Can you swim?

Can you swim?

(2) Yes, I can.

動作の単語

① ski（スキーをする）

② swim（泳ぐ）

③ cook（料理をする）

④ run（走る）

⑤ dance（ダンスをする）

⑥ skate（スケートをする）

⑦ sing（歌う）

⑧ jump（とぶ）

わくわく情報《じょうほう》

スキーは古代のへき画にもえがかれていて，大昔からあるよ。残っている世界最古《さいこ》のスキーは，ロシアで発見された紀元前《きげんぜん》 6000 年のころのものなんだって。

英語 6回

Do you have math on Mondays?

学習日		とく点
月	日	点

51 ※教科書によって１学期に学習していないところもあります。

1 音声を聞いて，時間わりについてまねして言いましょう。 （言って 20点）

Do you have math on Mondays?
あなたは月曜日に算数の授業《じゅぎょう》がありますか。

Yes, I do. / No, I don't.
はい，あります。／いいえ，ありません。

ポイント

Do you have ～ on …s? は，「…曜日に～の授業《じゅぎょう》がありますか」とたずねる表現《ひょうげん》。答えは，Yes, I do. または No, I don't. で表す。What do you have on …s?「…曜日には何の授業《じゅぎょう》がありますか」というたずね方もあり，I have ～ on …s.「わたしは…曜日に～があります」と答える。毎週あること，することは，曜日の最後に s をつけて表す。

2 音声を聞いて，内容《ないよう》と合う絵には○を，合わない絵には×をそれぞれ（　　）に書きましょう。 （1つ10点）

(1)（　　）

(2)（　　）

(3)（　　）

(4)（　　）

3 音声を聞いて，まねして言いましょう。次に，もう一度言ってから［　　］に書きましょう。 （1つ20点）

(1) What do you have on Fridays?

What do you have on Fridays?

(2) I have Japanese on Fridays.

教科を表す単語

① math（算数）

② English（英語）

③ arts and crafts（図工）

④ science（理科）

⑤ music（音楽）

⑥ calligraphy（書写）

⑦ P.E.（体育）

⑧ Japanese（国語）

⑨ social studies（社会）

⑩ home economics（家庭科）

わくわく情報

アメリカの小学校の夏休みは2か月以上あるよ。夏休みが終わると秋から新しい学年になり，夏休みの宿題はほとんどないんだ。

英語 5回

My birthday is May 10th.

学習日 月 日 とく点 点

52 ※教科書によって1学期に学習していないところもあります。

1 音声を聞いて，たん生日のたずね方と答え方をまねして言いましょう。

（言って20点）

When is your birthday?
あなたのたん生日はいつですか。

My birthday is May 10th.
わたしのたん生日は5月10日です。

ポイント

When is ～? は，「～はいつですか」という表現《ひょうげん》。ここでは～の部分に your birthday を入れ，相手のたん生日をたずねている。My birthday is ～. は，「わたしのたん生日は～です」と自分のたん生日を伝える表現《ひょうげん》。日付は月の名前と「～番目」を表す数字の形を使って表す。

2 音声を聞いて，内容《ないよう》と合う絵には○を，合わない絵には×をそれぞれ（　　）に書きましょう。

（1つ10点）

(1)（　　）

(2)（　　）

(3)（　　）

(4)（　　）

3 音声を聞いて，まねして言いましょう。次に，もう一度言ってから[　　]に書きましょう。

（1つ20点）

(1) When is your birthday?

When is your birthday?

(2) My birthday is April 6th.

「～番目」を表す数字の形

① 1st	1番目の	② 2nd	2番目の	③ 3rd	3番目の	④ 4th	4番目の
⑤ 5th	5番目の	⑥ 6th	6番目の	⑦ 7th	7番目の	⑧ 8th	8番目の
⑨ 9th	9番目の	⑩ 10th	10番目の	⑪ 11th	11番目の	⑫ 12th	12番目の
⑬ 13th	13番目の	⑭ 14th	14番目の	⑮ 15th	15番目の	⑯ 20th	20番目の
⑰ 21st	21番目の	⑱ 25th	25番目の	⑲ 30th	30番目の	⑳ 31st	31番目の

わくわく情《じょう》報《ほう》

ヨーロッパのキリスト教の国では，たん生日のほかに「名前の日」をお祝いする国があるよ。全ての日に名前が決められていて，自分の名前と同じ名前の日をお祝いするよ。

くもんの夏休みドリル

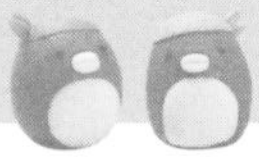

算数教科書対照表 小学5年生

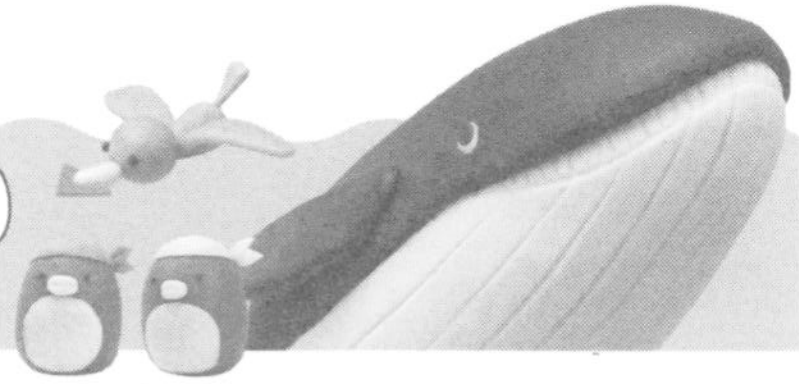

夏休みドリル			教科書のページ　※㊤は上巻，㊦は下巻のページです。					
回	単元名	ページ	東京書籍 新編 新しい算数5	啓林館 わくわく算数5	学校図書 小学校算数5年	日本文教出版 小学算数5	大日本図書 新版 たのしい算数5年	教育出版 小学算数5
1	整数と小数 (1)	48	㊤8〜15	10〜15	㊤12〜19	11〜16	16〜22	11〜17
2	整数と小数 (2)	47						
3	整数と小数 (3)	46						
4	小数のかけ算 (1)	45	㊤40〜51	34〜49	㊤94〜109	39〜52	43〜56	48〜60
5	小数のかけ算 (2)	44						
6	小数のかけ算 (3)	43						
7	小数のかけ算 (4)	42						
8	小数のわり算 (1)	41	㊤52〜63	52〜67	㊤110〜127	53〜68	73〜93	82〜98
9	小数のわり算 (2)	40						
10	小数のわり算 (3)	39						
11	小数のわり算 (4)	38						
12	角の大きさ (1)	37	㊤84〜93	76〜93	㊤132〜144	69〜89	24〜37	62〜81
13	角の大きさ (2)	36						
14	合同な図形 (1)	35	㊤72〜83		㊤20〜35		96〜106	
15	合同な図形 (2)	34						
16	体積 (1)	33	㊤16〜31	16〜29	㊦90〜105	17〜31	58〜72	18〜35
17	体積 (2)	32						
18	体積 (3)	31						
19	比例	30	㊤32〜38	30〜33	㊤36〜43	32〜38	40〜42	36〜45
20	平均	29	㊦18〜25	157〜165	㊤44〜55	123〜130	134〜141	130〜140
21	1学期のまとめ (1)	28						
22	1学期のまとめ (2)	27						

英語 4回

I like soccer.

53

学習日	とく点
月　日	点

1 音声を聞いて，好きなものについての会話をまねして言いましょう。 言って20点

I like tennis and soccer.
わたしはテニスとサッカーが好きです。
What sport do you like?
あなたは何のスポーツが好きですか。

I don't like tennis.
わたしはテニスが好きではありません。
But I like soccer,too.
でも，わたしもサッカーが好きです。

ポイント

I like ～. は,「わたしは～が好きです」という表現《ひょうげん》。「わたしは～が好きではありません」と言うときは，like の前に don't を置き，I don't like ～. とする。What ～ do you like? は「あなたは何の～が好きですか」と好きなものをたずねる表現《ひょうげん》。～の部分には sport「スポーツ」，food「食べ物」，color「色」などを入れることができる。

2 音声を聞いて,内容《ないよう》と合う絵をそれぞれアとイから選んで（　　）に書きましょう。 1つ10点

(1)（　　）
ア　イ

(2)（　　）
ア　イ

(3)（　　）
ア　イ

(4)（　　）
ア　イ

3 音声を聞いて，まねして言いましょう。次に，もう一度言ってから　　に書きましょう。 1つ20点

(1) What food do you like?

What food do you like?

(2) I like curry and rice.

このページに出てくる単語（スポーツ・食べ物・色）

① tennis
（テニス）

② soccer
（サッカー）

③ basketball
（バスケットボール）

④ baseball
（野球）

⑤ pizza
（ピザ）

⑥ chocolate
（チョコレート）

⑦ curry and rice
（カレーライス）

⑧ blue
（青）

⑨ red
（赤）

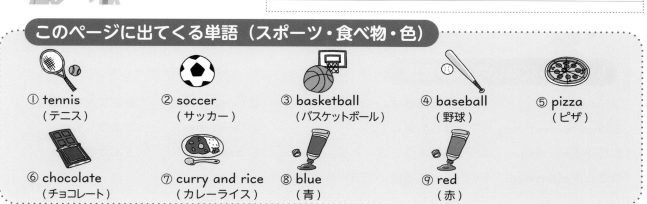

わくわく情報《じょうほう》

「まくら投げ」は，実は外国にもあるよ。4月の第1土曜日は「国際《こくさい》ピローファイトデー（まくら投げの日)」。世界のいろいろな国でまくら投げのイベントがあるんだ。

I'm Emily.

学習日　月　日　とく点　点

54

1 音声を聞いて，自こしょうかいの表現《ひょうげん》をまねして言いましょう。 （言って30点）

Hello. I'm Emily.
こんにちは。わたしはエミリーです。

Nice to meet you.
はじめまして。

Hi, Emily.
こんにちは，エミリー。

How do you spell your name?
あなたの名前はどうやって書きますか。

E-M-I-L-Y, Emily.
E,M,I,L,Y，エミリーです。

ポイント

I'm 〜. は「わたしは〜です」という表現《ひょうげん》。〜の部分に自分の名前を入れると，自こしょうかいの表現《ひょうげん》になる。My name is 〜.「わたしの名前は〜です」でも表せる。Nice to meet you. は「はじめまして」という意味で，はじめて会ったときのあいさつとして使う。How do you spell your name? は，相手の名前の書き方(つづり)を知りたいときに使う表現《ひょうげん》。人の名前は大文字で始める。

2 音声を聞いて，内容《ないよう》と合う絵をア〜ウから選んで（　　）に書きましょう。 （1つ20点）

(1)（　　）　(2)（　　）

ア

イ

ウ

3 音声を聞いて，まねして言いましょう。次に，もう一度言ってから［　　］に書きましょう。 （30点）

Nice to meet you.

Nice to meet you.

いろいろなあいさつの表現《ひょうげん》

① Hello. / Hi.	こんにちは。	② Good night.	おやすみなさい。
③ Nice to meet you.	はじめまして。	④ Good-bye.	さようなら。
⑤ Good morning.	おはようございます。	⑥ See you.	さようなら。
⑦ Good afternoon.	こんにちは。(午後のあいさつ)		

わくわく情《じょう》報《ほう》

インドやネパール，タイなどの国では，あいさつするときは手のひらを胸《むね》や顔の前で合わせて軽くおじぎをするんだ。会ったときや別れるときにこのあいさつをするよ。